EUGÈNE LÉVY

LA
RÉVÉLATION FRANÇAISE

ESSAI
SUR LE GÉNIE DE LA FRANCE NOUVELLE

Préface d'ÉDOUARD SCHURÉ

LA
RÉVÉLATION FRANCAISE

ESSAI

SUR LE GÉNIE DE LA FRANCE NOUVELLE

EUGÈNE LÉVY

LA
RÉVÉLATION FRANÇAISE

ESSAI

SUR LE GÉNIE DE LA FRANCE NOUVELLE

PRÉFACE D'ÉDOUARD SCHURÉ

PARIS
PERRIN ET Cie, LIBRAIRES-ÉDITEURS
35, QUAI DES GRANDS-AUGUSTINS, 35
1918

PRÉFACE

—

Voici un essai d'une originalité et d'une hardiesse singulières. Utilisant des éléments connus, mais les transformant par l'alchimie d'une pensée subtile, il en tire une vive lumière qui jette un jour brillant sur l'arcane de notre génie national.

C'est en somme, et dans toute la force du terme, la tentative d'une philosophie nouvelle de l'âme française.

Comme beaucoup d'autres livres contemporains, celui-ci est un fruit inattendu de cette guerre. Les idées qui en composent la substance ont été élaborées longtemps avant ; leur cristallisation définitive n'eut lieu que sous le coup des derniers événements. L'œuvre très ramassée, mais lucide et riche de pensées, est, sous ce rapport, l'un des exemples les plus curieux des exaltations psychiques et des métamorphoses intellectuelles, provoquées par la crise formidable que nous traversons.

Mon office, en ces pages liminaires, ne sera pas de soumettre à une analyse détaillée ou à une critique raisonnée les idées exposées dans ce livre sous une forme si personnelle et si vivante.

Psychologues ou historiens, philosophes ou sociologues les discuteront sans doute, lorsque l'auteur en aura montré les applications fécondes dans le domaine des réformes pratiques.

Je me bornerai donc à rappeler l'éclosion d'une pensée que j'eus la joie de voir naître.

J'essaierai ensuite de montrer la portée transcendante de quelques-uns de ses axiomes essentiels.

∗

Eugène Lévy est né en Alsace.

Son tempérament intellectuel, très spécial et très rare, pourrait se définir par deux mots qui semblent se contredire. Son trait dominant est un *réalisme idéaliste*.

A la surface et comme armature, une raison minutieuse et dominatrice avec un besoin implacable de logique ; au fond, une sensibilité bouillonnante, une âme généreuse, débordante d'enthousiasme et de foi.

Ces deux pôles de sa nature devaient se disputer longtemps le pouvoir suprême dans sa conscience et y dominer tour à tour, avant de trouver un équilibre stable dans une sorte d'interpénétration. L'histoire de leurs triomphes, de leurs défaites et de leurs accords, fut l'histoire même de son développement moral et spirituel. Développement intérieur, histoire cachée aux yeux de tous, même de ses plus intimes amis, mais non moins ardente et mouvementée. Car une forte intelligence doublée d'une sensibilité profonde, lorsqu'elle s'aventure aux grands problèmes de l'existence, s'emporte vite sans le savoir aux rythmes passionnés.

Les circonstances extérieures de sa vie accentuèrent d'abord ses facultés logiques et combatives.

Mais, entre temps, son esprit spéculatif n'avait pas chômé. Le contact de la vie quotidienne, le spectacle de l'égoïsme humain, l'âpre lutte pour le bien-être et la richesse, où les aspirations idéalistes sont impitoyablement broyées et deviennent pour celui qui

s'en embarrasse la plus lourde des entraves,
avaient fait d'Eugène Lévy un positiviste
résolu. Il ne reniait pas sans doute les beaux
enthousiasmes de son adolescence, il avait
conservé le culte de la vertu et des nobles
sentiments, de la poésie et du génie. Mais il
se défiait de la métaphysique, de tout mysti-
cisme, de toute idée religieuse. Il ne croyait
pas à la survie de l'âme, cette hypothèse
indémontrable par l'expérience.

Cependant le monde contemporain, ce
monde de la science, si fier de lui-même et
de ses résultats, posait à un esprit attentif
mille problèmes et fourmillait d'embûches.
On ne parlait que de progrès et de réformes, mais tout allait de travers. L'humanité
scientifique et raisonneuse et de plus en plus
disharmonique s'enfonçait dans un labyrinthe d'incertitudes et de contradictions.

En France, le désarroi atteignait l'anar-

chie : question sociale, pacifisme et milita-
risme, menace de guerre européenne et de
guerre des classes, diminution de la nata-
lité, pullulement des vices, dépérissement
de l'énergie et de la foi en toute chose,
désintégration de l'individu et désagrégation
de la société ; voilà les symptômes qui mar-
quaient l'aurore du xxᵉ siècle d'un signe
néfaste. Avec l'optimisme ingénu d'un néo-
phyte du rationalisme, Eugène Lévy crut
longtemps que la confrontation attentive des
faits extérieurs et une logique serrée résou-
draient toutes ces questions et écarteraient
tous ces maux.

En attendant, il souffrait du malaise de
son temps et en ressentait une sourde nos-
talgie, encore sans objet.

*
* *

Eugène Lévy avait finalement reconnu

que le positivisme ne suffirait ni à combler
les vides de son âme, ni à porter remède au
mal du siècle. Mais d'où viendrait le se-
cours?

A cette époque de sa vie, vers la tren-
tième année, il subit une influence qui devait
produire en lui une véritable révolution et
dégager les forces latentes de son être. Ses
lectures, ses relations, ses voyages à l'é-
tranger, le mirent en rapport avec un mouvement de la pensée contemporaine qui ne
joue en apparence qu'un rôle très secon-
daire dans le monde de la littérature actuelle, mais qui n'en a pas moins une importance capitale, malgré les formes étranges
et presque toujours déconcertantes qu'il a
revêtues jusqu'à ce jour. Je veux parler
de ces philosophies ésotériques qui, sous le
nom d'occultisme, de théosophie ou d'an-
throposophie, aspirent à renouveler de nos

jours une synthèse harmonieuse de la
Science et de la Religion, pareille à celles
que connurent l'Inde, l'Egypte, la Grèce,
l'époque alexandrine et la Renaissance,
quand les fondateurs de l'astronomie, de la
physique, de la chimie et de la philosophie,
les Képler, les Paracelse et les Cornélius
Agrippa joignirent à l'observation profonde
de la nature le sens spéculatif et transcendant, avec une vue directe de l'âme individuelle et universelle. Eugène Lévy étudia
donc les mystiques anciens et modernes.
Des perspectives nouvelles s'ouvrirent à ses
yeux. Derrière le sphinx rigide de la Nature
visible, il aperçut le royaume vivant de
l'Esprit qui l'édifie et le modèle. Rudolf
Steiner, qu'Eugène Lévy connut personnel-
lement, exerça sur lui une influence profonde.
Remarquons cependant que, malgré cette
irruption d'un monde nouveau dans son

intelligence et dans sa sensibilité, le novice
enthousiaste ne perdit jamais le contrôle
sévère de la volonté, et qu'il n'admettait les
vérités inconnues qu'après les avoir fait
passer par le crible de la raison.

Ce qui se dégageait de l'ensemble de ces
études et de toutes ces expériences psychiques n'en était pas moins une prodigieuse
illumination, l'authentique affirmation d'une
vie nouvelle par une pénétration synthétique
de la nature, de l'âme, de la divinité et de
la science elle-même. En se dévoilant, les
ressorts secrets des choses font voir l'unité
merveilleuse du macrocosme et du micro-
cosme, de l'univers et de l'homme par la loi
des analogies universelles et différenciées.
Cette unité se révèle encore dans l'évolution
parallèle des infiniment grands et des infiniment petits. Alors l'immortalité organique
de l'âme s'avère par la loi de la réincarna-

tion, reproduction individualiste des métamorphoses cosmiques.

Ce qui réjouissait le plus le jeune philosophe, encore silencieux et replié sur lui-même
mais déjà rayonnant de sa découverte, c'est
que, grâce à ses nouveaux maîtres, honnis
de la science officielle, il avait trouvé la méthode vitale de la connaissance concrète.
Pendant longtemps, il avait cru que l'unique
instrument de la science était l'observation
froide et la logique abstraite. Mais il s'était
aperçu que, si rigoureuses qu'elles soient,
l'observation et la logique seules sont inca-
pables de saisir la vérité vivante. Cette vérité, la seule complète, la seule féconde, ne
se révèle qu'à une contemplation sympathi-
que où la pensée et le sentiment équilibrés
se pénètrent de part en part et constituent
une force unique, irrésistible.

L'intuition voit la vérité totale d'un coup

d'œil circulaire et organique. La logique
vient après pour en classer le détail. Mais
sans l'éclair créateur de l'esprit qui la pré-
cède et qui fait la synthèse, la logique trébu-
che dans le chaos. Ainsi la pensée conçoit
et ordonne la vérité dont le sentiment four-
nit le germe.

Cette méthode de la connaissance et de la
pénétration des choses n'était-elle pas le sésame des portes closes, le flambeau de tous
les mystères profonds, la solution des problèmes les plus troublants de l'humanité par
l'harmonie suprême de l'âme et de l'intelligence ?

**

Mais le démon de la logique n'avait pas
abdiqué dans le mystique émerveillé de ces
horizons séducteurs. Il ne voulut pas s'avouer
vaincu. Replié dans un coin obscur, convulsé

sur lui-même, il veillait et attendait patiemment l'heure de rentrer en scène. Qui sait ?
Peut-être, en lutteur agile et obstiné qu'il
est, réussirait-il à reprendre à la subtile
intuition le sceptre qu'elle lui avait délicate-
ment dérobé. En attendant, le démon railleur
disait à son maître perdu dans son rêve :
« Ta prétendue science est bonne pour toi
puisqu'elle te rend heureux. Mais elle est
purement subjective et ne sera vraie que pour
ceux qui consentiront à adopter ta méthode
aussi difficile que hasardeuse. Le monde a
soif d'une science et d'une religion nouvelles ? Fort bien. Il se meurt d'un individua-
lisme effréné et d'une anarchie sauvage. Qui
le nierait? Mais amèneras-tu jamais à ta vision extatique les savants qui vivent le nez
enfoncé dans leurs cornues et l'esprit fourbu
par leurs ornières théoriques ? Bien moins
encore la feras-tu comprendre aux masses

populaires qui peinent dans leur rude beso-
gne et ne croient qu'à leurs instincts. C'est
pourtant par ces deux bouts de l'échelle sociale qu'il faudrait faire pénétrer les ferments
rénovateurs dans l'humanité contemporaine,
si l'on veut combattre efficacement ce que tu
considères comme les deux plus grands ennemis de l'homme en ce siècle du progrès, à
savoir le matérialisme intellectuel et le matérialisme pratique. Et pour cela, il n'y a
qu'un seul moyen : combattre l'ennemi sur
son propre terrain et avec ses propres armes,
c'est-à-dire dans la science positive et avec
la logique ».

Obéissant à cette injonction catégorique,
Eugène Lévy projeta d'écrire un grand ouvrage en trois volumes, dont le premier seul
a paru. « *L'Evangile de la Raison* » (c'est le
titre général de l'ouvrage) tente de réaliser
une conception organique de l'homme, une

pénétration de la nature humaine tout entière, basée exclusivement sur l'observation
et sur l'expérience raisonnées. »

Tel le début du premier volume intitulé
« *Le problème biologique* [1]. »

Le but de l'auteur est de démontrer l'existence d'un *principe vital*, commun au monde
organisé, principe entièrement distinct des
principes physico-chimiques régissant la
matière inorganique. On relira toujours avec
intérêt et profit le *Problème biologique*, qui
lors de son apparition a obtenu un certain
succès dans le monde philosophique. C'est
un livre d'une érudition touffue, d'une ter-
minologie technique parfois surabondante,
mais d'une information sûre, d'une exposition
claire et d'un raisonnement serré.

On y verra que l'auteur a profondément
étudié, d'après les expériences consignées

1. Perrin, 1913.

dans les ouvrages des chimistes et des biologistes contemporains, les questions de l'i-
nertie de la matière, des réactions chimiques
et de l'automatisme ou de la spontanéité des
mouvements qui signalent l'apparition de la
vie dans le groupement cellulaire des plantes
ou des êtres vivants. *L'idée de la vie* conçue
comme une force indépendante de la matière
proprement dite, c'est-à-dire de la matière
inerte, cette idée du *vitalisme,* jadis défendue
par les médecins de l'école de Toulouse et
depuis reléguée dans les oubliettes du passé
sans que la science l'ait remplacée par rien,
cette idée a toujours été considérée avec
raison par les matérialistes intransigeants
comme un ouvrage avancé de la théorie spiritualiste, et c'est pour cela qu'ils l'ont toujours combattue avec un furieux acharne-
ment. Car, si l'on admet qu'il y a dans les
plantes un principe supérieur à la matière,

appelé la *vie*, on sera forcé d'admettre dans les animaux un principe supérieur à la vie qu'on appelle l'*âme sensible*, et dans l'homme un principe supérieur a celle-ci qui sera la *conscience* ou le *moi pensant*. Voilà la porte ouverte à ces monstres détestés qui s'appellent l'Ame et l'Esprit! Mais il y a bien pis. L'enchaînement de cette progression étant le signe évident d'un plan préconçu, on sera tout près d'accorder que la nature est le produit d'un esprit intelligent et qu'il y a un architecte de l'univers. Voilà donc l'idée de Dieu réinstallée dans la science, ce qui est, pour les matérialistes, la désolation de l'abomination. Plutôt que de consentir à cette humiliation, ils feront l'impossible. Voilà pourquoi de savants biologistes, comme Mrs Dastre et le Dantec, ont inventé ce qu'ils appellent la *synthèse chimique*, hypothèse d'après laquelle la vie se réaliserait par une combinaison

accidentelle des forces purement chimiques.
Le rêve le plus cher de ces savants serait
de prouver que non seulement la vie, mais
encore l'âme, la conscience et le génie sont
des précipités semblables à celui que produit
l'acide sulfurique dans un vase rempli de
cyanure de potasse. Malheureusement pour
eux, ces savants intrépides, dont il faut
admirer l'ingéniosité et la persévérance, n'ont
pas encore réussi à expliquer l'existence
d'une seule cellule par les forces purement
chimiques, tant cette cellule, qui n'est que le
premier degré de la vie infiniment plus com-
plexe, est déjà une merveille d'organisation
et d'unité.

Dans son livre sur le *Problème biologique*,
Eugène Lévy expose patiemment et lumi-
neusement ces questions à la fois ardues et
passionnantes et réfute victorieusement l'hypothèse de la synthèse chimique. Par une

série d'observations subtiles et de raison-
nements solides, il démontre l'existence
nécessaire, chez les plantes comme chez
tous les êtres vivants, d'un *corps dynamique*,
de forme analogue à celle de leur corps
physique, mais de nature suprasensible,
corps invisible à nos yeux, mais sans lequel
la domination et l'organisation nouvelle des
forces physico-chimiques, dans le végétal,
serait inexplicable.

Si l'auteur avait eu le temps d'achever
l'Evangile de la Raison, il aurait consacré
un second volume à la *Psychologie animale*,
montrant qu'un nouveau pouvoir, *l'âme sensible*, vient discipliner chez l'animal les forces des deux premiers règnes qui se rencontrent en lui. Il aurait consacré un troisième tome à la *Psychologie humaine*,
échafaudant les forces ascendantes, les entre-
laçant et les combinant à loisir sous l'em-

prise royale de l'âme consciente, du moi
réfléchi, prouvant ainsi la justesse de la
synthèse géniale de Paracelse, qui voyait
dans l'homme le résumé de la création et
dans son esprit le miroir du Kosmos, la
lumière vivante de Dieu.

Il faut souhaiter qu'Eugène Lévy termine
un jour ce qu'il nomme *l'Évangile de la Raison*. Car il est indispensable que les vérités
spirituelles nécessaires à la rénovation de
l'humanité soient prouvées par les quatre
grandes voies de l'Esprit : 1) par la voie
ardue de l'observation scientifique, 2) par
la voie sublime de l'émotion religieuse e
de l'initiation intérieure, 3) par la voie
royale de l'intuition et de la contemplation
philosophique, 4) enfin par la voie glorieuse
de l'Art, qui est la splendeur du Vrai et la
synthèse de la vie par la Beauté.

Ces quatre voies aboutissent au même

but, la vivification du Divin dans l'homme et la manifestation de l'Eternel dans l'Ephémère.

Le *Problème biologique*, dont je viens de dire l'idée essentielle, est une tentative remarquable dans la première de ces voies. Les circonstances de sa vie et les contre-coups de la guerre actuelle devaient interrompre l'auteur dans sa tâche et le poussèrent à un essai décisif dans la troisième voie, je veux dire dans celle de la contemplation philosophique.

⁂

Il n'est personne dans le monde civilisé qui n'ait été secoué de fond en comble par la déclaration de guerre de 1914 et par les événements européens qui se sont succédé depuis trois ans avec une rapidité foudroyante

et un crescendo palpitant. Dans le monde
intellectuel, cette secousse a été un véritable
bouleversement. Jamais, même sous la
grande révolution, les esprits n'ont été aussi
brusquement arrachés à leurs habitudes de
penser.

Il en est parmi eux, et des plus forts, que
la guerre a complètement retournés comme
des arbres déracinés par la tempête. Tous
les peuples d'Europe levés en sursaut pour
la défense de leur liberté contre l'Allemagne, les cinq continents entraînés successi-
vement dans la lutte ; le plus sublime héroïsme en face de la barbarie renaissante,
rendue plus sauvage encore par les calculs
d'une science perfide, sous l'infatuation d'un
orgueil sans mesure ; ce drame historique
d'une horreur et d'une grandeur inouïes, qui
se déroule sous nos yeux, est fait pour sus-
citer les émotions les plus diverses et les

plus profondes. Mais, ce n'est là encore
que le côté extérieur du spectacle. Son caractère nouveau et transcendant a été de
transformer les idées autant que les âmes,
de permuter toutes les valeurs. Individus,
peuples et principes apparaissent sous un
jour nouveau. En politique, en morale, en
philosophie, les points de vue sont ren-
versés.

Ceux qui ne voulaient pas admettre la
puissance de l'Ame et de l'Esprit dans les
affaires de ce monde, ceux qui ne croient
qu'au pouvoir de la force matérielle ont été
stupéfaits en voyant l'importance croissante
que les puissances spirituelles ont prise
dans les manifestations populaires, et l'orientation providentielle qui semble mener les
nations vers un but commun, par des voies
que personne n'avait prévues. Ceux, au contraire, qui croyaient à ces puissances, com-

me étant les véritables directrices de l'humanité, ont trouvé dans la logique inflexible du droit humain proclamé par cette guerre, une confirmation inattendue de leurs plus chères convictions.

En somme, par le sursaut d'énergie qu'elle a provoqué sur tout le globe, la brutalité teutonne et son matérialisme cynique, sont devenus les plus grandes et les plus salutaires écoles de spiritualisme que le monde ait connues jusqu'à ce jour.

Eugène Lévy n'avait pas besoin de cette démonstration. Sa pensée philosophique était solidement constituée depuis une dizaine d'années. Mais la guerre eut pour lui un autre avantage. Elle lui fit voir la France sous un jour nouveau et lui montra son idéal sous les traits d'une beauté et d'une splendeur qu'il ne soupçonnait pas. Appelé au service militaire au début des hostilités, ré-

formé au bout de trois mois pour blessure
en service commandé, puis rentré dans l'armée comme interprète, le jeune philosophe
eut l'occasion de vivre avec nos soldats et
nos chefs. Il partagea d'âme, de cœur et
d'esprit les émotions multiples de cette
guerre. Sa pensée ne fut pas submergée par
la vague de haine légitime et d'enthousiasme
superbe qui se roulait sur toute la nation,
mais comme soulevée par elle dans une at-
mosphère plus haute où l'air était plus vi-
brant et le soleil plus clair.

Il crut assister alors à une nouvelle révélation nationale, à travers une révélation intime et personnelle.

Comme en deux miroirs opposés où les
objets se reflètent à l'infini, il regarda à la
fois dans l'âme de la France et dans la sienne. Dans les deux il aperçut, sous mille formes diverses, le triomphe de la sensibilité

sur la sèche raison, de l'intuition sur l'observation superficielle.

Fasciné tour à tour par la philosophie, par la science et par l'occultisme, il ne s'était pas occupé de l'histoire de France depuis les bancs du collège. Quelques années auparavant, il lui eut été à peu près indifférent de voir éclore le nouvel idéal humain dans son propre pays ou dans un autre, tant la largeur de son sens humain le portait à l'impartialité. Mais voici que la France, subitement illuminée d'un rayon d'héroïsme et de gloire, lui apparaissait dans une beauté éblouissante comme la coryphée des nations groupées autour d'elle pour la défense de leurs droits et de la sainte liberté.

D'autre part, ce spectacle ouvrait dans sa propre âme des sources nouvelles d'émotions et de perception spirituelles. Il se l'avouait maintenant. A vrai dire, il s'était

senti le cœur rétréci et l'esprit oppressé
pendant la courte époque, où il avait obéi
exclusivement au démon de la logique. Le
tentateur lui soufflait à voix basse : « Tu
resteras dans les ténèbres et tu ne sauras
rien, à moins que tu ne t'abandonnes à moi,
pieds et poings liés ». Et maintenant l'âme
de la France lui disait de sa voix claire :
« Regarde-moi. Je suis régénérée parce que
je suis libre, et je suis libre parce que je
suis redevenue moi-même. Fais comme moi,
et tu seras un être nouveau ». Il l'était déjà,
car involontairement sa pensée et son verbe
avaient changé de rythme. Il ne reniait rien
de son passé, mais un torrent de sentiments
impétueux lui faisait entrevoir une autre
méthode, un autre style et un nouvel idéal.

Ce miracle qui s'était accompli dans la
conscience nationale et qui se répercutait
dans la sienne, il voulut en avoir le cœur

net. Pour s'en rendre compte, il fallait raconter ce qu'il avait vécu. Mais le mystère ne se pouvait traduire que sous une forme à la fois symbolique et réelle. C'est pourquoi il écrivit la *Révélation Française*.

**

Livre étrange, subtil et profond qui déconcerte au premier abord, mais qui séduit et entraîne lorsqu'on suit la spirale ascendante de sa pensée audacieuse. Ce n'est ni une course en automobile, ni une bordée en mer, mais plutôt un raid d'aviateur intellectuel. Aussitôt entré dans ce léger esquif aux larges ailes, qui effleure à peine le sol de ses roues, on perd le contact terrestre. On plane doucement dans les airs et l'on dépasse sans s'en apercevoir de hauts sommets, pour s'immerger dans l'espace et re-

venir ensuite prendre une vue panoramique
du pays qu'on vient de quitter. A cette alti-
tude, avec cette allure accélérée, les idées
comme les couches atmosphériques se su-
perposent et s'emboîtent en aperçus rapides.
Derrière les concepts politiques se dévoilent
les sentiments moraux. Derrière les sentiments, surgissent les Idées-Mères... Ce sont
de graves déesses, mais leur présence dé-
chaîne les courants cosmiques, véritables
ouragans. Cependant on se laisse emporter
par ces grands effluves primordiaux et gé-
nérateurs.

On monte, on monte encore, et, à mesure
que le regard s'étend, il embrasse mieux les
sombres plissements et les ondulations infi-
nies du relief terrestre.

Personne ne regrettera cette ascension
vertigineuse où notre horizon national s'élar-
git et s'éthérise dans la perspective aérienne.

L'atterrissage sera peut-être un peu difficile,
mais l'habile pilote y pourvoiera de son
mieux.

Ce serait ôter au lecteur le plaisir de la
surprise que d'analyser un tel ouvrage. Je
voudrais seulement porter son attention sur
ses thèses principales et sur les conclusions
qui s'en dégagent, conclusions à peine indi-
quées par l'auteur.

*_**

C'est dans la devise républicaine de la
France, dans les trois mots : *Liberté, Egalité, Fraternité*, qu'Eugène Lévy a trouvé ce
qu'il juge le nouvel arcane du génie français.
Le sens donné à ces vocables dépasse tellement leur sens officiel et banal, il s'élève si
haut dans le firmament de la pensée, que
l'édifice improvisé sur cette base peut sem-

bler *a priori* la construction fantaisiste d'un
métaphysicien ingénieux. Il n'en est rien cependant. Si l'on considère, d'une part, que
ces trois mots d'ordre représentent les plus
profondes aspirations de l'âme française depuis la Révolution, qu'ils sont en quelque
sorte les flambeaux toujours allumés de son
histoire, si l'on constate d'autre part, qu'en
donnant une interprétation plus large à notre devise nationale, l'auteur projette une lumière intense sur trois poignants problèmes
de notre époque, à savoir le problème philosophique, le problème social et le problème
international, alors on ne pourra s'empêcher
d'appeler sa trouvaille géniale.

Débarrassés de la poussière dont les ont
chargés les luttes des partis, ces trois mots
reprennent ainsi leur éclat de symboles lumineux et de paroles magiques.

Suivons d'un peu près la pensée de l'auteur. Elle serpente d'abord à travers les concepts abstraits de la science pour s'élever ensuite à des hauteurs fleuries.

Les sciences naturelles ont découvert que l'univers visible était gouverné par trois lois qui s'appliquent en des mesures inégales aux trois règnes de la nature.

Le règne minéral, celui de la matière inerte, est dominé par le *Déterminisme*, c'est-à-dire par un fatalisme absolu.

Les êtres dont il se compose, dénués de toute individualité et de tout mouvement propre, ne peuvent être mus que du dehors sous l'impulsion d'autres corps ou de forces extérieures. Leurs mouvements mécaniques ou leurs réactions chimiques se règlent par des lois mathématiques, chiffrées par la science.

Le règne végétal, celui de la vie inconsciente, est dominé par l'*Evolution*. La vie des plantes se transmet et se renouvelle par les germes de leurs fruits. Enracinés à la terre, la moindre des herbes comme l'arbre géant sont invariablement enfermés dans le cercle étroit de la croissance et du dépérissement. Malgré leurs oscillations, des barrières infranchissables séparent les différentes espèces les unes des autres. Ici encore règne l'inéluctable fatalité.

Le règne animal, celui de la vie instinctive est-il plus indépendant ? Ce n'est qu'une apparence, répond la science. Il est vrai que l'animal a la faculté de se mouvoir à son gré, de se défendre contre son agresseur et de choisir sa femelle. Mais il est aussi tyranniquement dominé par son instinct que le métal par la pesanteur et que la plante par le moule de son espèce. D'ailleurs, la nature le condamne à dévorer son semblable ou son voisin pour se nourrir.

Combats féroces entre les individus d'une même espèce ou des espèces entre elles, c'est la *Lutte pour la vie*. Voilà la loi du monde animal. Elle est aussi fatale que l'attraction de la terre pour tous ses habitants et bien autrement cruelle. Après avoir énuméré les déceptions de la vie, un père de l'Eglise s'écriait : « O vanité des vanités ! tout n'est que vanité ! » En contemplant les trois règnes de la nature, le matérialiste ajoute : « Déterminisme, Evolution, Lutte pour la vie, voilà les seuls Dieux de l'existence. Tout n'est que Fatalité. »

Remarquons ici un fait capital. Les trois axiomes des sciences naturelles, vrais et précieux sur leur domaine, mais faux et pernicieux lorsqu'on veut les appliquer à l'humanité, laquelle est régie par des principes opposés, ces fameux axiomes n'ont pas seulement fourni aux matérialistes les pierres brutes pour bâtir leur citadelle. Ils ont encore, et cela est plus grave, ils ont aidé le teutonisme et le pangermanisme à forger leurs armes lourdes et perfides. Grâce à une mystique grossière et pantelante, les Allemands ont transformé le « Déterminisme » en la doctrine du *vieux Dieu*, qui confère par prédestination, à la race germanique l'hégémonie du globe. Ils ont escamoté l'inégalité des races qui résulte de « l'Evolution » pour en fabriquer la doctrine de l'infériorité des races latines, qui leur permettrait de les exploiter à leur profit et de les supprimer au besoin. Enfin, ils ont camouflé la « lutte pour la vie » en le dogme grotesque de la Force primant le Droit et de la nécessité faisant loi, en la doctrine hypocrite et sauvage qui justifie toutes les horreurs, tous les mensonges et toutes les infamies par une prétendue supériorité morale !

La hideuse idole de la déesse Ertha qu'au dire de Tacite les prêtres germains promenaient devant les populations ébahies, devait ressembler à cette idéologie de la Germanie moderne. C'est contre ces monstres redoutables, devenus la terreur de l'Europe et l'abomination du monde qu'Eugène Lévy appelle à la rescousse nos « Egéries françaises », les trois Allégories souriantes de notre devise nationale.

Elles n'ont qu'à paraître pour accomplir des merveilles. Ce sont de ces divinités qui agissent par leur seule présence et par un charme magique. Les chaînes du Déterminisme tombent en poussière devant le sourire de la Liberté, qui prend possession de l'univers d'un seul regard et qui électrise tous les cœurs. La férule de l'Evolution en train de parquer les hommes et les races entre des cloisons étanches, se brise

au seul toucher du sceptre de l'Egalité, qui
change ces barrières en socles de la Justice
et en stations du Progrès. La massue redou-
table de la Lutte pour la vie recule avec sa
virago déconcertée devant la Fraternité,
porteuse de fleurs et de palmes, douce
Enchanteresse dont les yeux reflètent l'harmonie universelle.

Mais il faut lire le livre du penseur poète
pour imaginer tous les problèmes que peuvent résoudre en se jouant ces aimables
puissances, dans le labyrinthe de la psychologie et dans la nature elle-même. L'intuition ici est maîtresse. Sous sa baguette,
les voiles les plus épais se déchirent, les fils
entortillés se délient d'eux-mêmes. Les nouvelles « Dauphines de France », ces grandes
Ingénues qui ne doutent de rien, en savent
long. Car elles viennent de loin.

A ceux qui trouveront extraordinaires

ces changements à vue et ces métamorphoses subites, à ceux qui s'écrieront que cette
fantasmagorie n'est pas un traité philosophique mais un film de cinéma, je répondrai :
Peut-être, mais il en est de plus surpre-
nants dans la réalité. Ouvrez les yeux et re-
gardez un peu ce qui se passe autour de
nous. N'avons-nous pas vu tout récemment
l'immense empire des tzars, le plus autocra-
tique de tous, se changer en république d'un
jour à l'autre et acclamer notre devise nationale avec un enthousiasme qui nous a
presque effrayés et devant lequel nous sommes restés muets de surprise et d'admira-
tion ? En même temps, à l'autre bout du
monde, de l'autre côté de l'Atlantique, n'a-
vons-nous pas vu le grand peuple des Etats-
Unis, qu'on disait le plus intéressé, le plus
égoïste du monde, obéir à la plus idéaliste, à la plus généreuse des impulsions ?

N'avons-nous pas vu cette nation de grands industriels et d'inventeurs, soulevée par la voix de son noble président, entrer en lice pour notre cause et jeter d'un seul coup dans la balance de la justice cent millions d'hommes et tout un continent ? En vérité deux ondes gigantesques de courage et de foi ont passé sur le monde pour se rencontrer en France et y annoncer la naissance d'une nouvelle humanité : les États-Fédérés du monde.

Ne sont-ce pas là des prodiges aussi étonnants que ceux des mythologies anciennes et aussi certains que ceux de la science moderne ? Devant ces miracles du spiritualisme en action, vous serez moins déconcertés par les hardiesses du penseur qui écrivait cet essai six mois avant ces évènements sensationnels. Vous ne pourrez en tout cas lui refuser une certaine divination. Peut-être qu'alors vous trouverez moins risquées ses audaces et moins téméraires ses bonds rapides.

Mais nous ne sommes pas au bout de son raid. Essayons de suivre jusqu'à la fin son vol aventureux.

***

Liberté ! Egalité ! Fraternité ! ces idées jaillies de l'âme française d'un sursaut d'enthousiasme et d'héroïsme, ces fières Exilées devenues reines, qui recueillent aujourd'hui les hommages du monde, n'auraient-elles pas une origine plus lointaine encore ?

En assistant aux miracles accomplis par ces jeunes Puissances ne faut-il pas leur attribuer une vie antérieure et une naissance divine, dont celle-ci ne serait qu'une épigénèse ? Eugène Lévy nous l'assure et nous le démontre à sa manière. Après avoir veillé tendrement au berceau de ces « Infantes orphelines, nées dans la crèche honnie de la Révolution », il rêve pour elles un trône solaire. Pour comprendre sa pensée, il faut lire les deux chapitres du présent livre intitulés l'un : *L'idéal français, loi cosmique,* et l'autre : *Héliocentrie de l'idéal français.*

L'auteur remarque d'abord que les trois lois fatalistes (déterminisme, évolution et lutte pour la vie) qui dominent rigoureusement la nature et dont l'humanité elle-même subit l'emprise pour s'en dégager graduellement, il observe que ces trois lois, souveraines dans le monde minéral, végétal et animal (où elles se manifestent par la pesanteur, l'hérédité et l'adaptation) sont des forces terrestres. Ce sont en quelque sorte les émanations magnétiques de notre planète, les manifestations de son être intime. C'est ce qu'il appelle la *loi de Géocentricité*. Il constate ensuite que d'autres forces, d'une nature opposée, s'insinuent dans le règne végétal et animal et lui permettent de s'insurger contre la gravitation par la croissance et le mouvement. Ces énergies mystérieuses et constructives agissent bien plus puissamment encore dans l'homme. En lui se révèle leur vraie nature, en lui elles atteignent l'apogée de leur force, par la pleine conscience de ce qu'elles sont véritablement. Leur triade se nomme : *Liberté, Egalité, Fraternité* !

Il y a une différence capitale entre les forces géocentriques et ces forces nouvelles qui collaborent avec elles tout en les combattant. Les premières ont un caractère *relatif*; les autres sont *absolues*. Les filles de la matière rampent comme des esclaves, les filles de l'Esprit apparaissent debout et libres. Elles ne souffrent pas de contrainte et leur empire est illimité. Mais d'où viennent ces puissances célestes? Eugène Lévy n'hésite pas à dire qu'elles sont issues de la puissance solaire, comme les trois premières sont nées de la force terrestre. Les conflits incessants et la coopération multiple de ces deux triades ont moulé, au cours des âges, le corps, l'âme et l'esprit humains. Par leurs influences combinées à l'infini se forment ainsi et se développent les destinées terrestres de l'humanité.

De là ce qu'Eugène Lévy appelle *L'héliocentricité de l'idéal français.*

Vous souriez, vous trouvez que cela devient presque trop beau et vous devenez sceptique. Je donnerai donc la parole à l'auteur. Peut-être réussira-t-il à vous convaincre mieux que je ne saurais le faire. Laissons donc le penseur candide et croyant célébrer l'âme solaire dans cet hymne, où les

concepts de la science moderne s'imprègnent
d'un enthousiasme religieux pareil à celui
des Védas.

..

L'AME SOLAIRE

« Le soleil est le moteur central de notre
système. Les rotations des planètes suivent
la sienne. L'autocratie et l'autonomie solaires sont absolues. Le soleil possède un
mouvement propre par rapport aux étoiles
qui peuplent les espaces comme à l'égard du
système qu'il remorque dans sa course. Ce
mouvement le porte vers un point de la sphère
céleste repéré d'une façon incertaine par
nos procédés empiriques, en l'absence d'un
lien entre la translation solaire et la multitude des astres. Le soleil est seul à nous
renseigner sur ses révolutions. Il fallait dé-

4

couvrir ses taches pour savoir qu'il tourne
sur lui-même en ving-tcinq jours. Le soleil
édicte le principe et détient l'initiative de
ses actes. Il assure par lui-même sa conservation dans le temps et maintient, indépendante de toute influence observable, son
orientation dans l'espace. Ainsi conclut
l'astronomie moderne.

« Comparé à la terre, satellite soumis et
ponctuel régi par le déterminisme, le soleil
réalise la liberté suprême.

... « En redressant l'homme, le soleil a
allumé la soif de liberté qui le dévore.

« La liberté est l'invisible influx non pas
du soleil matériel, distributeur de mouvement, de chaleur et de lumière, mais de la
puissance propulsive qu'il renferme, qui
oriente le soleil à travers les espaces, échappant à l'analyse spectrale comme la transmission de la vie... Chez l'homme primitif

comme chez l'homme moderne, ce désir
stimule la pensée et la pensée en retour
étend la liberté. Liberté... et pensée...
ces impulsions sont indivisibles.

« La vigueur et la clarté de la pensée
française, ardente à justifier, à instaurer, à
défendre la liberté, certifie l'unité de ces deux
impulsions. Leur floraison conjointe enfanta
la Révolution française. Pensée et Liberté
sont une unité homogène, un fruit spirituel
dont la liberté est la pulpe — et la pensée le
noyau, l'organe générateur, graine projetée
du cœur du soleil au cœur de l'homme en
une heure de semailles cosmiques.

« La liberté et la pensée sont des forces
solaires descendues vivre au cœur des hommes. Harponné dans le tréfonds de l'être
par les délices de cette visitation, l'homme
s'est dressé vers la source de ses ravissements, en une extase agissante qui refoule

ses penchants géocentriques en lui communiquant l'élan créateur et ordonnateur du soleil. Surpassant tous les êtres terrestres par ses inspirations héliocentriques, l'homme est la souche auguste de la lumière créatrice qui imprègne l'univers d'ordre et d'harmonie, qui le gorge des dons magnifiques de la vie. Noblesse oblige. A l'homme, ambassadeur des Puissances suprêmes, incombera la réforme des déterminismes chaotiques qui surgissent sous ses pas, dans les trois règnes géocentriques ou dans la vie humaine. Il détient les pouvoirs magiques de l'initiative et de la réflexion, ressorts du devenir humain comme de l'œuvre cosmique elle-même.

« A lui de sauvegarder ces talismans sublimes, d'en faire un emploi clairvoyant, généreux, en mandataire fidèle du Pouvoir Créateur... »

On lira mieux dans le livre lui-même la
fin de cette « élévation ». On y verra comment, après l'effluve primordial de la liberté,
l'auteur trouve dans le rayonnement du
soleil la source première de l'Egalité et le
foyer suprême de la Fraternité, comment
enfin la pensée constructive du soleil est un
« amour organisateur ».

Citons encore les idées qui forment la
conclusion de ce chapitre :

« L'âme du soleil est la génératrice de
notre idéal national.

« Ce fait de physiologie spirituelle a marqué d'une empreinte organique l'intuition
du peuple qui s'est voué à la liberté, à l'é-
galité, à la fraternité.

« Pour la première fois, l'histoire enregistre la gloire d'une révélation collective
des vérités les plus hautes ».

**

Personne, je crois, ne contestera l'originalité saisissante de la *Révélation Française.* Tout esprit réceptif trouvera dans la
théorie héliocentrique et géocentrique des
suggestions fécondes. Mon rôle n'est ici ni
de la défendre, ni de la critiquer, mais sim-
plement de la présenter dans sa force et sa
nouveauté. Quelques observations s'impo-
sent cependant. Quand l'auteur développera
ses idées en d'autres ouvrages, les savants
lui demanderont une documentation plus
précise, les psychologues une théorie expérimentale de l'âme, et les philosophes une
théorie cosmique plus complète avec des
applications fréquentes à l'histoire. Les
occultistes, de leur côté, feront remarquer
à Eugène Lévy que le soleil et la terre ne
sont pas les seuls astres qui aient pris part

à la création de l'homme et qui continuent à l'influencer, qu'il est puissamment actionné par toutes les planètes, par le ciel tout entier et qu'il y a lieu d'en tenir compte dans toutes les manifestations humaines. Ces idées ont donc besoin d'être élargies et plus fortement étayées pour prendre toute leur valeur. L'auteur les présente ici au public dans un résumé lumineux et frappant comme une sorte de *Novum organum.* Je suis convaincu, pour ma part, qu'il sera accueilli avec une vive curiosité et qu'il conquerra rapidement sa place au soleil.

Les deux derniers chapitres de cet essai sont deux applications heureuses de ces idées. Le premier intitulé *Loi, Foi et Liberté* touche à la question religieuse. Le second portant ce titre : *France, Allemagne, Humanité,* traite de la question politique. Il montre que l'Allemagne a voulu asservir les forces héliocentriques (ou spirituelles) à la force brutale, qui lui vient de sa géocentrie, pour les appliquer à son rêve de domination universelle, tandis que la France, qui jusqu'à présent s'était trop perdue dans son rêve généreux, a pour mission d'organiser les forces de la terre avec son génie spirituel pour le bien de l'humanité.

J'ignore ce que penseront de cet essai puissant et hardi les philosophes dogmatiques enfermés dans leurs abstractions. Ce dont je suis bien certain, c'est que les esprits vivants et libres le salueront comme un signe éclatant de cette résurrection de la France qui s'affirme si magnifiquement sur nos champs de bataille et qui aura bientôt sa répercussion dans le monde des idées.

EDOUARD SCHURÉ.

LA RÉVÉLATION FRANÇAISE

ESSAI

SUR LE GÉNIE DE LA FRANCE NOUVELLE

I

L'UNION SACRÉE

Scrutez l'histoire de la France, ses épopées légendaires, les fastes de sa pensée, les mémoires brûlants de son cœur : du flux des siècles émergeront les exploits héroïques, les éclairs du génie, les splendeurs du sacrifice. Avant 1914, il est une chose que vous y chercherez en vain : *l'union sacrée*, l'enthousiaste abandon des luttes politiques, sociales, religieuses, l'indivisible bloc des volontés, l'unanimité du but. Répudiées, les indocilités célèbres, épouvante des Mérovingiens, des Capétiens, des Valois, des Bourbons. Evanouies, les défections, les rébellions qui désolèrent le berceau de la République. Dans la crèche honnie naquit une souveraine dont le charme aujourd'hui attache tous les cœurs. Son nom, devenu la dédicace même de la patrie, s'inscrit en lettres d'or sur la soie tricolore du pavois national : Liberté, Egalité, Fraternité.

Sans une force agissante, victorieuse des passions égoïstes, l'union sacrée eût été éphémère et factice. Mais notre devise scandait le rythme solidaire des cœurs. Fût-il absolutiste, quel Français d'aujourd'hui renierait la déférence mutuelle, la large sympathie humaine qui sont l'estampille morale de la France moderne? Fidèle diapason des regards et des paroles qui s'échangent chez nous, notre devise proclame que les adversaires même de notre régime embrassent son esprit. Elle imprègne les consciences de sa saveur particulière. Elle confère le rang de citoyen français, elle dit les visées de notre patriotisme. De nos volontés, sinon de nos institutions, elle rayonne sur le monde, et les peuples l'acclament en chérissant la France. En temps de paix, le pan de mur qui propage notre devise impressionne la rétine sans retenir l'esprit. Expansifs soudain, nos trois mots, du haut de quelque édifice public, martelèrent les cerveaux comme l'appel déchirant d'une subite agonie, lorsqu'à marches forcées les armées de von Kluck se ruaient sur Paris. Quelles angoisses, en ces jours critiques, où les « communiqués » étaient les bulletins de santé de notre idéal outragé.

Un moment, devant l'assaut féroce, les

gerbes triomphales du passé, l'essor des
sèves vivaces, la promesse des floraisons
futures se replièrent dans notre devise
comme l'arbre dans son fruit, comme celui-
ci confrontèrent la renaissance ou la destruction. C'était pour notre idéal qu'on nous
haïssait tant. C'était lui qu'on ravilissait, au
profit de la culture allemande. Sous la mor-
sure sauvage, tous les noms de l'armorial
de France offrirent leur sang pour la défense de la devise prolétaire. Les préten-
dants exilés, les princes bannis implorèrent
l'honneur de combattre pour elle. Les grandes dames servirent le peuple sous l'humble
anonymat de la blouse d'infirmière. Par
milliers, des pays voisins et des confins du
monde, accoururent les sœurs, les novices,
les religieux de toutes obédiences, proscrits
au nom de l'idéal qu'ils venaient couvrir de
leur corps. Et dans les églises, expulsées
de l'État, le clergé romain chantait la *Mar-*

séillaise. Pas un cœur où l'éternelle noblesse de nos visées humaines ne l'emportât sur l'imposture de la dévotion impériale. 1914, centenaire du retour des émigrés, leur inflige le désaveu de leurs descendants, dans la communion de tous les Français. La dignité humaine éclipsait enfin blasons et particules, l'élévation libre rangeait à l'égal de l'oraison. Ce fut le triomphe du vouloir des aïeux, de l'intransigeance de nos pères. Croyants et monarchistes, jusqu'au dernier temporiseur, par l'irrécusable option de l'acte, parlèrent la langue des Droits de l'Homme.

L'union sacrée proclame le retour de tous ses enfants au foyer de la race. Quelles pompes célébreront ce jour fastueux?

Evénement digne d'une glorification de notre devise, d'une attention fervente à ses moindres murmures. Consacrons-lui notre pensée et notre cœur. A cette souveraine sans quartiers, conférons un état civil. Car elle est orpheline. Nul parrain illustre n'en gage l'autorité. Elle est issue de l'âme populaire d'où hier surgit l'union sacrée, d'où jaillit aujourd'hui l'invincible élan qui fixe la victoire. Et puisqu'elle est ainsi notre filleule à tous, tâchons de la comprendre autant que nous l'aimons. Ambitionnons pour elle une généalogie princière : frappons à la porte de la Science, dont les glorieuses références n'excéderaient pas son mérite.

II

L'ÉTERNELLE DISCORDE

La science est à la pensée ce qu'au cœur est notre devise. Ses doctrines officielles sont incontestées comme notre credo démocratique. Mais à l'encontre de celui-ci, les syllabus des facultés sont de haute lignée. Ils descendent tout droit de l'observation et de l'expérience universelles, par les opérations de la logique. A bon droit ils prennent ainsi le rang de vérités démontrées. A ce titre, dans les écoles de tous les pays, trois mots régissent toutes les chaires, gouvernent tous les laboratoires. Ce bréviaire des savants dans tous les domaines du savoir humain, proclame la toute-puissance du *déterminisme*, de *l'évolution*, de *la lutte vitale*. Nul acquit scientifique qui ne ressorte d'un déterminisme, d'une cause et d'un effet exacts et démontrables. L'évolution régit l'homme et les mondes vivants, le minéral, notre planète, tout notre Univers. Et la lutte vitale, dans la nature ou chez les hommes, est un topique indiscuté.

L'œuvre humaine elle-même ratifie ces axiomes. Nos systèmes de physique, de géométrie, de philosophie, etc... surgissent, se transforment, disparaissent, cédant la place aux plus aptes. Dans la technique, même sélection progressive, par l'élimination des procédés rudimentaires. Lutte, évolution, causalité énoncent la sagesse des faits universels. Ces points cardinaux de la Science sont l'assise de la mentalité moderne. Hôtes choyés des consciences avides de comprendre le monde où nous vivons, ils commandent toute la philosophie contemporaine.

A ces parfaits arbitres du progrès humain, acclamés de tous dans toutes les patries, présentons nos pythies françaises, qui chez nous seulement sont chez elles. Briguons l'éclatant patronage des favoris de la science pour faire recevoir du monde les gardiennes de nos foyers. Pour la France elle-même, pour sa force et pour sa lumière, cette présentation s'impose. Tous nous invoquons tour à tour l'une ou l'autre de ces triades, au hasard des problèmes ou des efforts qui nous retiennent. Il semble expédient de les confronter, de provoquer leurs mutuelles confidences, leurs sympathies ou leurs désaffections. Réalisons sur le champ cette entrevue philosophique.

Improvisons les révérences. Ci, la liberté, causeuse brillante si jamais il en fût ; ci, le déterminisme, irrésistible magister.

L'abord est froid entre ces personnalités d'ordinaire si sociables, si promptes aux ef-

fusions. Silence, dépit et mines renfrognées.
Déterminisme et liberté se lancent des regards obliques, courroucés. Abrégeons le
supplice de ces orateurs muets : il est manifeste que nos efforts de politesse resteront
vains, que la conversation ne s'engagera
jamais. Quelles sont donc les causes de cette
implacable aversion ? Discrètement j'inter-
roge. Se saluant de dos, mes invités répon-
dent : « Entre nous il n'est pas de commerce
possible, ni de mesure commune. La liberté
commence où le déterminisme finit ».

Évolution, Égalité, serez-vous plus cour-
toises ? Nouvelle déception. Embarrassées,
défiantes, elles gardent le silence. L'affable
évolution, l'égalité complimenteuse se toi-
sent durement. On devine la source de leur
inimitié. L'évolution vit de bonds, d'escala-
des, de cimes sans cesse exhaussées. Elle
adore rêver du passé, sonder les profondeurs gravies, embrasser le cirque majes-

tueux où s'étage notre Univers, depuis le brasier central de la Terre et sa masse compacte, son tapis verdoyant et ses mers sinueuses, jusqu'à l'animal, à l'homme, au soleil, au firmament.

L'évolution est mère de la diversité. Comment comprendrait-elle l'égalité, qui ne rêve que d'équivalences ? Egalités actuelles ou virtuelles, égalités de fins ou de moyens, de droits ou de devoirs, comment les concilier avec les inégalités sans fin jaillissant de l'évolution ? Ici tout est progrès ou régression, constante mobilité, patiente métamorphose. Là, l'immuable, l'invariable, le même se campent devant nous, sans solution de continuité. Le désaccord n'est pas imaginaire. Il est mutuel et permanent. Il faut renoncer à le vaincre.

Lutte vitale — fraternité : n'essayons plus de concilier l'inconciliable. Empressons-nous plutôt de prévenir un esclandre, une rixe, un pugilat... unilatéral. Car la fraternité, la cadette de nos trois orphelines, redoute d'affronter les coudes pointus, les mains rapaces, les regards cupides de la ruée vitale, pupille des facultés. A la convoitise, la fraternité oppose l'amour. Aux attaques brutales, elle répond par l'offrande d'un dévouement fidèle.

Cette conception de la lutte mécontentera les philosophes : n'ont-ils pas établi qu'au sein des sociétés humaines la lutte se transforme en coopération ? Assurément. Mais les procédés sociologiques qui observent ce *fait* n'en révèlent pas la *cause* efficiente. Et c'est là précisément le mot de l'énigme : où gîte le ressort de cette transmutation ? Quels liens assortissent la lutte et la fraternité, nos trois grâces transcendantales et les protégées de la Science ?

Le résultat négatif de notre parallèle et l'objection philosophique qu'il suscite renforcent notre curiosité. Quel est le lignage de nos Egéries nationales, puisque l'ardente pensée des cicérones scientifiques armés des instruments les plus perfectionnés, ne découvre ni dans l'homme ni dans notre Univers immense, une substance, un principe de devenir qui ne relevât des axiomes scientifiques ? Devant nous, sous une forme nouvelle, se dresse le mystère éternel de l'homme. Avec les principes de l'Univers qui nous porte en son sein, avec l'analyse expérimentale de notre organisme, comment concilier les aspirations hétérogènes qui jaillissent de notre tréfonds ?

III

LA PRÉSENCE RÉELLE

Contradiction profonde, irréductible. Une causalité rigoureuse gouverne toutes nos fonctions, toutes nos réactions physiques. En témoignage formel de l'évolution, notre corps recèle des organes régressifs et progressifs. Son développement étale les merveilles de l'embryogénie, épanouissement successif de formes organiques sans cesse plus parfaites. Quant aux lois de la lutte, de l'éviction du moins apte, de l'écrasement du faible, les mœurs humaines en attestent l'emprise et l'âme en confesse l'instinct, plus robuste, hélas ! que la fraternité. A bon droit la science proclame la toute-puissance des trois principes qui actionnent l'Univers. L'homme n'esquive pas leur étreinte.

Ces faits tentent d'assourdir le mystérieux appel de notre conscience, avide d'instaurer la liberté, l'égalité, la fraternité dans un monde affligé d'un ordre antagoniste. A la pensée, ce défi enthousiaste lancé aux énergies universelles d'où nous sommes issus, semble un paradoxe narguant toute logique. Pourtant, en cet état de rébellion manifeste contre des lois incontestablement souveraines, nous nous sentons en harmonie avec l'essentiel de nous-mêmes, en accord avec l'ordonnance suprême de l'évolution du monde et de l'homme. Aucun doute à cet égard ne nous effleure. Une conviction aussi sûre que celle des éclaireurs scrupuleux de la Science, en formulant notre devise, grave dans nos cœurs des normes éternelles, des lois imprescriptibles.

A nos infantes pourtant la Science fait

grise mine, parce qu'elles ne figurent pas sur
le Gotha des facultés, comme le déterminisme, la lutte, l'évolution. Ses inviolables
statuts la contraignent de les traiter en pré-
tendantes sans titre, et de leur refuser tout
hommage officiel. Mais, dans le secret de ses
impressions, la science est orgueilleusement
embarrassée, car elle est dévorée d'intérêt
pour ces enfants royales, belles comme le
jour, adorables à l'envi, doublement séduisan-
tes à cause de leur nature rebelle et de leur
sang mystérieux. Elle admire et jalouse ces
obscures ingénues, qui maîtrisent l'âme humaine sans le prestige du suffrage rationnel.
Et pendant que les régentes de France, répudiées de leurs savantes cousines, s'éloi-
gnent avec la grâce sûre d'une immuable
souveraineté, la science les suit d'un regard
chaleureux, scrute leur anonymat, compulse
et vérifie... épions son enquête.

Le docte visage de la Science s'assombrit.

Pour instruire le procès généalogique de ces belles inconnues, elle doit abandonner les sommets de la synthèse, les sphères lumineuses où se prélassent, dans l'imposant cortège des vérités canonisées, le déterminisme, la lutte, l'évolution. Il lui faut plonger dans les arcanes arides de la gestation, dans l'épineux labeur de l'analyse. La Science revoit ses origines lointaines, l'observation, faculté passive, et la pensée laborieuse ensemble enfantant les idées qui aujourd'hui mènent le monde. Elle évoque la Source unique de son savoir : l'œuvre inaltérable des forces naturelles dont les manifestations, uniformément identiques à elles-mêmes dans le temps et dans l'espace, promulguent les lois scientifiques, si bien que d'elles seules dérive toute certitude. D'où procéderait celle-ci, sinon du cycle éternellement pareil des lois de la nature, identiques, égales à elles-mêmes à travers les âges et les espaces...

Sur l'écran de la méditation, le mot
« *égal* » s'arrêta devant la Science enquê-
teuse, lui tendant l'offrande d'une muette
confidence.

Inattentive, la Science considérait l'*infail-
libilité* des forces naturelles. Quelle invrai-
semblable aventure, songeait-elle, que leur
réversion brusque dans l'homme ! Car la liberté contredit le déterminisme, l'évolution
rompt l'égalité, la lutte sape la fraternité.
Hypothèse frénétique que ce renversement.
Jamais une énergie naturelle, quelles que
complexes que fussent ses réactions ou ses
affinités, n'engendrera, *sans concours étranger*, une énergie rebroussant tous ses attributs normaux, une force inverse de celles
dont elle est née. Un objet projeté ne dévie
qu'au contact d'un obstacle. Voyez-vous une
bille capricieuse s'arrêter d'elle-même dans
sa course, rétrograder, sillonner le billard
en promeneuse velléitaire? Foi de syllogisme,

un fait inouï autant qu'irrécusable survient dans l'enceinte ténébreuse de la conscience humaine. Ces forces éternellement identiques à elles-mêmes, suscitant le déterminisme, l'évolution, la lutte, rencontrent dans l'organisme humain une résistance, une force étrangère, un X hypothétique qui entrave leur expansion et maîtrise leurs effets. A moins que de leur propre sein n'ait émergé un concours inédit, un élément actif, d'une puissance certaine, distinct des énergies qu'enregistre la science.

Energie conquérant le cœur et le cerveau de l'homme, domptant l'universel automatisme de sa nature animale et physique. Ainsi la feuille, la fleur et le fruit dépassent les attributs de la terre, piédestal de leur éclosion. Feuilles verdoyantes, fleurs parfumées, fruits savoureux, quelle extase, et quelle incontestable addition au règne minéral. Une fourmi, dépourvue de pensée synthé-

tique, manquerait de discerner cette nouveauté. Mais elle serait mal venue de contester l'originalité du phénomène que ses
moyens d'exploration ne lui signalent point.
La chimie, la physique sont ces fourmis
dont les organes enregistreurs ne perçoivent
pas cette intervention invisible, impalpable,
cet élément nouveau couronnant d'un empire
magnifique les règnes de la nature, par l'é-
panouissement dans l'homme de la liberté,
de l'égalité, de la fraternité.

Mais l'austère pensée refrène prudemment
l'appas de ces analogies, qui ne sont pas des
preuves. Retournant aux délices des conclusions sûres, elle n'accueille que la démarca-
tion fondamentale entre les deux trinités
adverses. Elle éprouve seulement que nos
impulsions idéalistes ne sauraient provenir
des forces naturelles qui commandent au
déterminisme, à la lutte, à l'évolution ; elle
confesse leur *origine distincte*. Mais laquelle

choisir des hypothèses évoquées — influx spécifique, étranger, ou modification intérieure? Celle-ci paraît moins vraisemblable.

Non, notre triple idéal n'est pas une transformation des énergies naturelles, agissant avec elles de concert, comme la vie par exemple. Celle-ci imprègne le minéral, l'entraînant avec elle en une course qui s'affirme solidaire jusqu'aux limites extrêmes du monde microscopique. Quelles que soient leurs disparités, la vie et la matière, jusqu'à la mort étroitement associées, forment un ménage uni, harmonieux. Quel contraste avec l'implacable duel entre les Horaces de la France et les Curiaces des Facultés. Ici, nul accord, nulle coopération, mais, à chaque rencontre, des attaques de front, des luttes acharnées. Est-il admissible que ces adversaires cheminèrent de conserve, confondus, mélangés, pendant les âges qui précédèrent l'apparition ou la civilisation de l'homme ? Dans ce cas, leur disjonction présente ne saurait provoquer les conflits tumultueux, les inconciliables contrastes dont nous sommes témoins. Si l'une de ces forces était le succédané de l'autre, dans le temps, une affinité ultérieure subsisterait entre elles à coup sûr. Les réactions les plus subversives, telle l'explosion de substances conjuguées, malgré l'apparent suicide, ne sont que les étapes passagères d'une transformation normale. Dans certaines conditions, l'air liquide, au contact de l'air atmosphérique dont il procède, fait explosion. Mais à ces catastrophes d'une seconde succède aussitôt la paix et l'union antérieures, attestant que le conflit est l'exception et l'harmonie la règle, tandis qu'en principe même et sans arrêt, la liberté brave le déterminisme, l'évolution renverse l'égalité, la lutte supprime la fraternité. Entre des tendances aussi résolument contraires, une communauté d'origine est impossible. Quelle est alors la source de nos aspirations ?

La science hésite. Des convictions chères, d'illustres traditions dénient à nos impulsions idéalistes une réalité propre, le ressort positif que leur concède la pensée. Ce serait ressusciter le spectre de l'âme indépendante du corps, persécutée, honnie, proscrite par les juges les plus fameux de l'aréopage scientifique. Mais, à ce refus, la conscience française riposte : « Le chemin des vérités scientifiques est ouvert à tous, il est *libre*. *Egale* pour tous est la crémaillère de la logique, qui accède aux conclusions. Enfin le respect *fraternel* de la pensée d'autrui bannit les formules rebelles au visa de *toutes* les intelligences. Dans le prétoire sacré où délibère la Science, autorité signifie prévarication ». La science, aidée de la conscience, reprend le chemin de ses recherches. Intéressée, curieuse, elle s'en-

foncera dans les bocages décriés de l'idéalisme. Mais dans leurs ombres suspectes,
elle taillera des sentiers empiriques, des la-
cets criticistes, des clairières voltairiennes.

IV

L'IDÉAL FRANÇAIS, LOI COSMIQUE

La science admet que nos aspirations sont irréductibles aux lois de la nature minérale, végétale, animale. Elle perçoit l'antagonisme garant de leur origine distincte. Mais ces conclusions ne déchiffrent pas l'énigme de nos vouloirs idéalistes. Leur principe initial, leurs racines substantielles se dérobent au regard. Liberté, égalité, fraternité, livrez à la pensée le plan de vos démarches à l'instar de votre trinité rivale.

Le mot « *égal* » s'obstinait toujours à fixer sur la Science un regard suppliant : « Eternellement égales, proclamait-il maintenant, immuables comme les forces naturelles, impérieuses comme elles en leurs explosions, sont la liberté, l'égalité, la fraternité, bien que la pensée débile épèle mal leurs définitions, en dépit de nos cœurs étroits, impuissants à contenir la liberté, l'égalité, la fraternité intégrales.

La liberté est aussi toute-puissante que le déterminisme. Pas plus que l'accident n'infirme celui-ci, l'appétit de domination ne contredit la liberté humaine. De part et d'autre, ces désordres attestent la souveraineté des principes qu'ils semblent démentir. Ils sont les modèles parfaits de l'exception qui confirme la règle. L'accident résulte d'un déterminisme évident bien qu'indésirable, comme la passion d'asservir notre prochain atteste le désir égoïste d'une liberté démesurée. La tyrannie est une hypertrophie de l'appétit de liberté, une absorption de la liberté d'autrui. Dans l'âme humaine, la liberté est une ligne d'action aussi souveraine que le déterminisme dans le monde minéral.

De même, l'égalité joue, dans la vie humaine, le rôle absolu rempli par l'évolution dans le devenir universel. L'égalité est la fille aînée de l'homme. Les premiers pas de son intelligence lui ont révélé les différences et les comparaisons, bases éternelles de toute connaissance, parce qu'en lui vivait la notion intuitive de l'égalité, indispensable avant-courrière de toutes les dissemblances. Le grand et le petit relèvent de l'égal. La foi en l'égalité virtuelle des hommes inspire leur émulation et fonde leur progrès, de même que l'évolution élève les espèces inférieures à l'homme. L'égalité est une force de volonté et d'investigation humaines. Ses antipodes, la jactance individuelle, l'orgueil national sont des formes morbides de l'égalité. En embrassant le principe de la supériorité de sa race, un peuple invoque

l'évolution, classement des espèces animales. Il déchoit de l'égalité, il retombe sous
la juridiction de l'échelon inférieur. Cette
suffisance est à l'égalité ce qu'est à l'évolution la dégénérescence : un glissement sur
l'échelle de l'être. En vertu d'une déchéance
identique, la dégénérescence restreint dans
l'organisme et supprime graduellement les
fonctions organiques, au profit de réactions
chimiques dépourvues d'efficacité vitale et
qui, par rapport à l'organisme, représentent l'échelon inférieur, la loi minérale.
L'orgueil individuel ou collectif, reniant la
loi de l'échelon humain compromet son
évolution et confirme le rôle absolu et bien-
faisant du sentiment d'égalité.

La fraternité enfin régit les rapports humains comme la lutte domine la vie animale,
conditions de développement aussi souveraines de part et d'autre que celles que nous
venons d'examiner. Quand la lutte supplante

la fraternité, surgit la déchéance des sociétés humaines. Au contraire, le *déclin* des instincts de lutte provoque l'infériorité des races
animales. La *lutte* produit chez l'homme des
conséquences identiques à celles qu'entraîne,
chez l'animal, la *cessation* de la lutte : d'une
part, c'est la destruction des civilisations et
de la vie humaine; de l'autre, l'abâtardisse-
ment et la disparition de l'animal inapte à la
lutte. La coopération fraternelle apparaît
ainsi comme la loi absolue du devenir humain, la lutte comme la loi du devenir animal. Rétablir le régime de la lutte, le droit
de la force dans la société humaine, c'est la
ramener au niveau de la bestialité, dégrada-
tion équivalente à l'épuisement des forces
combatives chez l'animal. L'emprise effective
et fondamentale des impulsions fraternelles
sur le déroulement des destinées humaines
s'affirme aussi efficace, aussi indispensable
que l'instinct de lutte dans le règne animal.

La Science considère ce spectacle imprévu. La triade tutrice de la France, la pensée l'avait d'abord répudiée. Puis était apparue sa filiation, obscure encore, mais positive. Et voici que sa toute-puissance l'égale aux grands principes qui gouvernent l'Univers. Ne commande-t-elle pas au genre humain aussi souverainement que la lutte, l'évolution, le déterminisme aux règnes inférieurs ?

Un classement judicieux de ces majestés cosmiques attribuera même la préséance aux trois ordonnatrices de l'acte humain, dont les résultats affectent en une large mesure les déterminismes, les conditions d'évolution et de lutte créées par les forces naturelles. L'homme réorganise sa planète à son idée. Lutte, évolution, déterminisme sont d'immuables ornières, des agents en quelque sorte subalternes au regard de l'initiative humaine, libre et volontaire. Au contraire, quels titres cautionneraient la précellence des impulsions instinctives? Leur seule répondante, l'observation raisonnée, garantit précisément la supériorité des trois énergies qui actionnent l'être humain. Soumises à des dérèglements analogues à ceux des fatalités naturelles, les prérogatives humaines régentent pourtant les effets de celles-là et les soumettent à leur empire.

Le déterminisme est une propriété fixe, inerte, passive, dont seules les sollicitations extérieures éveillent les activités. Sans subir cette pression immédiate, l'initiative humaine, à mesure que s'étend notre liberté, groupe un nombre grandissant de déterminismes au gré de nos desseins. L'évolution naturelle est si lente qu'elle en apparaît stationnaire : l'identité de structure entre l'homme fossile et l'homme contemporain atteste l'immobilité de l'étape proprement évolutive de notre organisation physique. Quelles ascensions, au contraire, dans la nature humaine, quelles transformations dans notre milieu naturel, par l'effet de nos instincts supérieurs. L'évolution *humaine* est une victoire remportée par la liberté, l'égalité, la fraternité sur l'évolution naturelle, qui eût fait de l'homme, à l'instar de l'animal, une victime des trois nécessités maîtresses de l'Univers. Déterminisme, lutte, évolution sont subjugués par l'acte humain.

« Cette primauté captieuse peut cacher la vassalité, rétorque la prudence scientifique. Nous ignorons l'essence originelle des prérogatives humaines, seule base sûre d'une supériorité probante. » « Mais quelle est la source première de l'évolution, la cause de la lutte ou du déterminisme ? » chuchote l'impartiale conscience.

Prise en défaut, avide avant tout de savoir, la science accueille cette suggestion. Elle scrutera l'origine de la triple dictature qu'elle proclame sur le monde.

V

GÉOCENTRICITÉ DU DÉTERMINISME, DE LA LUTTE, DE L'ÉVOLUTION

Nul doute que le déterminisme ne gouverne l'Univers entier. Mais, dans ce Tout immense, quel est son coin natal? Où rencontrer un déterminisme pur, affranchi de toute addition, dépouillé d'influences obscures? Le monde minéral est cette région des déterminismes exacts, transparents, concluants. Sur les mondes vivants plane le mystère de l'ordre vital, irréductible, de l'aveu des chercheurs, au pur déterminisme, cortège observable de causes et d'effets. Le monde minéral déploie le caractère propre du déterminisme, qui est le conditionnement absolu d'une chose par une autre. Il en monopolise le modèle dans toute sa pureté. Seul le monde inanimé montre des déterminismes intégralement observables.

Avec une égale netteté, le règne végétal enseigne l'évolution. Le monde minéral, l'écorce terrestre ou les formations planétaires ne sauraient y prétendre. Leur histoire se résout pour la science en une succession de causalités mécaniques, de purs déterminismes. La structure géologique et le modelé de notre planète résulteraient d'émissions volcaniques, d'érosions liquides ou glaciaires, de déplacements atmosphériques. Aux grandes ères, aux systèmes, aux étages en quoi la géologie subdivise la série des sédiments terrestres, l'évolution des mondes vivants ne contribue que par l'entassement de ses débris *in*organiques, roches crayeuses ou terrains houillers.

La doctrine évolutionniste qui relie entre

eux l'universalité des êtres repose sur deux faits : l'hérédité et l'adaptation. Mais l'adaptation comporte des initiatives qui sont les apanages exclusifs du règne animal, telles la faculté du déplacement ou la conquête des subsistances : or ce sont là les attributs même de la lutte. Au contraire, le germe, végétal ou animal, fixe, reproduit et conserve les caractères acquis. Il est le fief héréditaire où se retranche la transformation des espèces, ressort de l'évolution. Ainsi le végétal recèle le principe évolutif, isolé à la fois du déterminisme pur et de la lutte vitale.

La vie animale enfin exprime le conflit vital. En elle les trois attributs se compénètrent, mais la lutte les oriente et les domine, tandis que la vie végétative imprime aux déterminismes chimiques les caractères acquis, fruits de l'évolution.

Ainsi, le minéral est le siège de la causalité pure. La vie maîtrise le minéral. La lutte

commande à la vie, la détruisant même en
vue de ses fins. Notre globe apparaît donc
investi d'un déterminisme qui décroît dans
le règne végétal, et qui s'atténue encore
dans le règne animal. Cette progressive su-
bordination du déterminisme aux principes
de l'évolution et de la lutte pointe une flè-
che vers la terre, support de cette triple
gradation de déterminismes.

Mais la terre est aussi le siège de la pe
santeur, et l'influence décroissante de la
causalité pure dans la série accendante des
êtres correspond à une diminution parallèle de la pesanteur. Souveraine dans le
règne minéral, la pesanteur est domptée
par l'essor de la plante, qui échafaude elle-
même les matériaux de sa structure. Cependant la plante, dans son redressement vertical, reste fixée au sol. L'animal conquiert
l'affranchissement horizontal. Déraciné, il
circule, nage, grimpe ou vole, secouant en

tous sens le joug d'une matérialité asservie aux exigences de l'adaptation et de la lutte.

Ainsi trois sphères concentriques enveloppent la pesanteur et le déterminisme, traçant à leurs pouvoirs des limites identiques. Identique aussi le foyer de ces orbes : la terre est à la fois masse minérale et centre de gravitation. Les règnes minéral, végétal, animal, sièges du déterminisme, de l'évolution, de la lutte, représentent trois degrés de géocentricité décroissante, chaque déclin de l'énergie terrestre correspondant à une surenchère d'efforts, victorieux de l'attraction matérielle.

Notre planète détient ainsi l'origine du déterminisme. Mais du déterminisme seulement. L'évolution et la lutte trahissént l'intervention de forces antagonistes. Les règnes végétal et animal, en s'insurgeant contre l'inertie et la gravitation, fondent les premiers degrés de l'indépendance terrestre. D'où procèdent les forces qui développent la plante et qui meuvent l'ani mal?

Le soleil féconde la vie végétale. La fleur qui se dresse sur sa tige, le tronc vertical de l'arbre, la sève printanière comme le stérile hiver, tout atteste l'origine solaire de la vie végétale.

L'animal n'est pas debout sous le soleil. La position de son corps est parallèle à la terre. L'intérêt central de sa vie réside dans le système nerveux qui le distingue de la plante, non dans l'appareil vasculaire qui le rapproche d'elle. Douze paires de nerfs naissent de l'encéphale, parallèle à la terre chez la pluralité des animaux. Trente et une paires de la moëlle épinière, horizontale même chez les bipèdes les plus droits. Cette inclinaison ne saurait dériver de la terre, puisque les impulsions nerveuses de l'animal l'affranchissent précisément de l'immobilité minérale et de l'inertie terrestre, et dirigent sa motilité.

Autour de notre planète l'animal se meut comme un satellite enchaîné à son astre. Son corps est la chaîne qui l'amarre à la terre. D'où provient ce satellitisme? Sa vie végétative, prébende solaire comme celle de la plante, nous guide vers le monde sidéral où erre la lune, satellite de la terre. Sans insister, hasardons l'hypothèse d'une émission lunaire infiltrant la vie animale dans les organismes, hypothèse chère à Kepler [1] et à Paracelse qui propageaient cette croyance.

L'organisme humain cumule les fonctions minérale, végétale, animale. Mais cet amalgame géocentrique n'est pas tout l'homme.

1. On ignore aujourd'hui ou l'on traite avec hauteur les vues physiologiques du savant dont les travaux fondèrent l'astronomie moderne. L'observation encourage cependant sa conception de la vie animale. Le rayonnement solaire ne livre pas à l'analyse les éléments primordiaux de la vie végétative dont on lui attribue l'origine. On admet ainsi une effluence solaire qui échappe à l'analyse spectrale et chimique. Pourquoi dénier à la lune une fonction analogue?

Energies agissantes, lois souveraines, la liberté, l'égalité, la fraternité inspirent et dirigent nos destinées. Les passions qui semblaient démentir cette hégémonie représentent les imperfections de l'étape humaine actuelle. Déjà nous avons vu notre idéal s'opposer au déterminisme, à l'évolution, à la lutte avec une vigueur qui écarte de nos impulsions idéalistes tout soupçon de géocentricité. Parallèle prodigue en contrastes : les principes géocentriques invariablement s'affirment *contingents et relatifs* dans leurs manifestations. Nos aspirations, au contraire impriment à la vie humaine le sceau de principes *absolus*. La liberté contingente, l'égalité relative, la fraternité intéressée, applications imparfaites du principe entrevu, portent la marque du milieu géocentrique de l'homme. Ces réalisations sont une expression incomplète de nos aspirations, et nous en percevons l'insuffisance. Notre idéal est inconditionné en raison de son origine intérieure, indépendante des concrétions matérielles, alors que l'évolution, la lutte et le déterminisme relèvent, par définition même, des limitations du monde extérieur. Ces principes n'ont aucune valeur intérieure en dehors des faits précis qu'ils introduisent dans notre conscience. Ils sont des intrusions extérieures dans notre vie intérieure.

Notre idéal au contraire est une force intérieure qui imprime à la conscience un mouvement d'expansion du dedans au dehors, dont l'effet est proportionnel à l'intensité de nos aspirations idéalistes. L'absence de celles-ci ou leur paralysie explique les victoires géocentriques, les barbaries primitives ou savantes. L'exaltation suprême d'un idéal menacé de destruction dans le monde extérieur inspire le sacrifice enthousiaste de notre existence matérielle : nous préférons sa destruction à celle de notre idéal. Nous

acceptons de mourir pour que l'idéal vive.
Notre personnalité intérieure proclame alors
son invincible suprématie à l'égard de la personnalité extérieure. Le rôle absolu et surhu-
main de notre idéal éclate en face des suggestions de notre nature matérielle qui ré-
clame impérieusement les satisfactions et la
préservation de la vie géocentrique. Ainsi
s'affirme l'irréductible antagonisme entre
nos énergies idéalistes et géocentriques. Celles-ci s'arcboutent à la terre et s'inspirent des
intérêts matériels de l'homme, temporaire-
ment attaché à notre planète. Quelle est l'origine des impulsions idéalistes qui s'inspirent d'un intérêt supérieur à notre personnalité éphémère ?

VI

HÉLIOCENTRICITÉ DE L'IDÉAL FRANÇAIS

L'homme arpente la terre librement, droit comme la fleur prisonnière. A l'émancipation que le végétal doit au soleil, l'animal unit une franchise nouvelle, la circulation. Mais la rançon de cette indépendance le courbe vers le sol. L'homme redresse l'échine ployée par l'animalité. Serait-ce le résultat d'un renfort solaire ?

Le soleil est le moteur central de notre système, l'unique pilote des planètes, astéroïdes, comètes et météores qui s'y rattachent. Les mouvements de tous ces satellites sont strictement subordonnés à la masse et

à l'énergie solaires. Corrélation mémorable
énoncée par Képler, et qui permit à Newton
de formuler les grands principes de l'attraction universelle. De même, les rotations des
planètes suivent celles du soleil. Leurs distances, leurs vitesses correspondent à leurs
rayons, à leurs volumes relatifs. Autour du
soleil enfin, les comètes décrivent leurs im-
peccables paraboles.

Mais inversement, l'autocratie et l'autonomie solaires sont absolues. Le soleil possède
son mouvement propre par rapport aux
étoiles qui peuplent les espaces, comme à
l'égard du système qu'il remorque dans sa
course. Celle-ci le porte vers un point de la
sphère céleste repéré de façon incertaine
par des procédés empiriques, en l'absence
d'un lien entre la translation solaire et la
multitude des astres. Le soleil est seul à nous
renseigner sur ses révolutions. Il fallait dé-
couvrir ses taches pour savoir qu'il tourne

sur lui-même en vingt-cinq jours. Le soleil édicte le principe et détient l'initiative de ses actes. Il assure par lui-même sa conservation dans le temps, et maintient, indépendante de toute influence observable, son orientation dans l'espace. Ainsi conclut l'astronomie moderne.

Comparé à la terre, satellite soumis et ponctuel régi par le déterminisme, le soleil réalise la liberté suprême. En redressant les hommes malgré le dépôt d'animalité qui les accable, aurait-il allumé la soif de liberté qui les dévore ? Déjà nous savons que nos aspirations sont des forces *réelles*. La liberté serait l'invisible influx non pas du soleil matériel, distributeur de mouvement, de chaleur et de lumière, mais de la puissance propulsive qu'il renferme, qui oriente le soleil à travers les espaces, échappant à l'analyse spectrale comme la transmission de la vie. Energie aussi intelligente que toute-puissante,

si l'intelligence consiste à éviter toute colli-
sion depuis l'aurore de notre monde, dans un
stade céleste surpeuplé, à transporter et
maintenir un Univers dont la vie et l'organisation dérivent de l'initiative solaire.

Le cerveau est l'indispensable instrument
de la pensée humaine : mais aux lentes opérations de la réflexion préside une poussée,
une volition logique. Et cet instinct profond
s'affirme inséparable du désir de liberté.
Chez l'homme primitif, esclave de la nature,
comme chez l'homme moderne, ce désir
stimule la pensée, et la pensée, en retour,
étend la liberté. Ces impulsions sont indivisibles. L'histoire du genre humain est le
graphique des effets solidaires de cette dé-
tente simultanée. La vigueur et la clarté de
la pensée française, ardente à justifier, à
instaurer, à défendre la liberté, certifie l'u-
nité de ces deux impulsions. Leur floraison
conjointe enfanta la Révolution Française.

Pensée et liberté sont une unité homogène, un fruit spirituel dont la liberté est la pulpe et la pensée le noyau, l'organe générateur, graine projetée du cœur du soleil au cœur de l'homme, en une heure de semailles cosmiques. Depuis, subissant la fortune des germes, elle gonfle et s'ouvre chez les uns, s'étiole et périt chez les autres, écrivant l'histoire des cultures humaines et des destinées de chacun. De même, sans doute, dans la nuit d'un passé primordial, les perfections végétales et animales surgirent des fécondations du règne minéral par les influx solaire et lunaire étro nant la vie sur notre planète.

La liberté et a pensée sont des forces solaires descendues vivre au cœur des hommes. Harponné dans le tréfonds de l'être par les délices de cette visitation, l'homme s'est dressé vers la source de ses ravissements, en une extase agissante qui refoule ses penchants géocentriques et lui communique l'élan créa-

teur et ordonnateur du soleil. Surpassant
tous les êtres terrestres par ses inspirations
héliocentriques, l'homme est la souche auguste de la Lumière créatrice qui imprègne
l'Univers d'ordre et d'harmonie, qui le gorge
des dons magnifiques de la vie. Noblesse
oblige. A l'homme, ambassadeur des Puissances suprêmes, incombera la réforme des
déterminismes chaotiques qui surgissent
sous ses pas, dans les trois règnes géocentriques ou dans la vie humaine. Il détient les
pouvoirs magiques de l'initiative et de la
réflexion, ressorts du devenir humain comme
de l'œuvre cosmique elle-même. A lui de
sauvegarder ces talismans sublimes, d'en
faire un emploi clairvoyant, généreux, en
mandataire fidèle du Pouvoir Créateur.

Ces conclusions sont-elles prématurées ?
Nullement. Le soleil, foyer de notre liberté,
est aussi la patrie de l'égalité : un proverbe

international enseigne que le soleil luit pour
tout le monde. Et cette vérité s'étend aux
sphères célestes : le soleil luit aussi pour le
monde entier. Cette égale diffusion à travers
les espaces se répète dans le temps : l'émission solaire est ininterrompue. Enfin elle est
inaltérable en quantité comme en qualité :
la parfaite stabilité de l'incandescence solaire
n'est-elle pas l'énigme la plus déconcertante
parmi celles que soulèvent les sciences naturelles ? Elle suppose une combustion entre-
tenant une qualité de lumière, un degré de
chaleur invariablement égaux pendant cette
course prodigieuse et continue à travers
l'immensité spatiale. Quel défi à la conception mécaniste de l'astre solaire que cet *automatisme régulateur*, qu'il est impossible
d'imputer au hasard.

Par définition, le hasard est un déclan-
chement chaotique, inintelligent. Or, la fixité
du rayonnement solaire implique l'adduction

constante d'un égal dosage de combustibles
et l'équilibre continu entre les multiples as-
pects de l'approvisionnement et du débit
énergétiques : égalité mutuelle des intensités
locales et successives sur tous les points de
la surface solaire, égalités quantitatives et
qualitatives, égalités de consommation et de
rendement. Quelle expérience probante,
quelle observation exacte étayera l'hypothèse
d'une accumulation de hasards agençant ces
concordances nombreuses, rigoureuses,
permanentes ?

La conception qui attribue le rayonnement solaire à des perturbations chaotiques
accumulées depuis l'origine de notre univers
est d'une naïveté déconcertante. Elle oublie
de consulter la réalité de tous les instants,
l'*expérience vécue accessible à tous*, où éclate
l'impuissance du hasard à créer un appareil
à régulation automatique, non pas même
une horloge, mais un sablier, le plus rudi-

mentaire de tous. Le bons sens, témoin du
fait constant, proclame indispensable la col-
laboration d'une intelligence directrice dans
la construction et la préservation d'un auto-
mate, fût-il purement mécanique. Peut-on
contester l'inspiration intelligente de la
marche de notre univers, la plus gigantesque
de toutes les coordinations, le plus parfait
de tous les déroulements automatiques ? Les
théories mécanistes qui prétendent abolir la
superstition en professent l'irréflexion et la
crédulité. Enregistrons ce témoignage éclatant de l'intelligence motrice de notre Univers. Et dans ce prodigieux concert d'égalités présentes et rétrospectives, puisons la
garantie de l'indestructible égalité qu'irra-
dient l'intelligence et l'initiative solaires.

L'hypothèse du soleil, noyau gazeux d'une
nébuleuse primitive, n'infirme pas ces sta-
bilités. L'achèvement du soleil remonte à
un âge infiniment plus reculé que l'appari-

tion de l'homme. Le soleil a donc pu éveil-
ler notre ardeur égalitaire, en même temps
qu'il enflammait en nous la liberté. Le déplacement solaire, en témoignant d'un itinéraire choisi, nous a révélé l'intime cohé-
sion de la liberté et de la pensée. A leur
tour les égalités de la distribution solaire
décèlent un ordre voulu, puisque leurs fonctions compensatrices sont incompatibles avec
l'hypothèse du hasard. Cette volition orga-
nisatrice, nous la retrouvons dans nos instincts égalitaires. Un souci d'équilibre les
imprègne, hostile à toute unification aveugle,
méditant l'accord judicieux des inégalités.
L'égalité vraie ambitionne un organisme social aussi harmonieux, aussi coordonné que
l'organisme humain, produit, souvenons-
nous-en, des énergies solaires.

L'égalité humaine apparaît ainsi comme
la réflexion parfaite de l'égalité solaire, liba-
tion spirituelle qui enivre l'homme au prin-

temps de sa vie, qui enflamma la France entière à certaine heure de son histoire. Son charme nous asservit aux munificences solaires et mine notre géocentricité, prodigue en distances, en démarcations innombrables, alluvions du milieu matériel. Du phénomène contingent, rigoureusement conditionné, la conscience s'élève vers sa substance-mère, vers l'âme du brasier solaire, creuset primordial de son évolution. En une gnose intime elle respire le souffle palpitant des Activités Premières, elle s'immerge dans l'avant-genèse créatrice. Quel est l'écho profond de cette révélation, l'expérience qu'elle attise en nous, inextinguible comme le soleil lui-même? C'est le feu dévorant du *progrès*. Quintessence de l'évolution de notre Univers parafée de son seing, le progrès est aussi l'intuition centrale de l'âme humaine et l'arbitre de l'égalité. La trépidation du progrès dans notre être spirituel est l'essence de l'égalité vraie, comme elle est le sésame de l'égalité solaire : le soleil n'est-il pas la source de l'évolution, déroulement spontané d'étapes progressives ? Le progrès féconde les égalités solaire et humaine, comme la pensée allaite ce même couple de libertés. Si l'héliocentricité de l'homme n'était pas établie par son vœu de liberté, sa soif d'égalité, incorruptible écho de l'égalité solaire, dénoncerait la patrie de sa nature spirituelle.

Mais, par delà ces affinités, le génie fraternel de l'homme fonde son ascendance solaire. Contemplons les cîmes de la fraternité, où s'épanouissent les sympathies inlassables, les pitiés angéliques, les dévouements illimités, aidés des ressources de l'intelligence humaine : octave éternelle de l'amour pur, ingénieux à se prodiguer jusqu'au sacrifice *total* de l'être. Car la fraternité suprême ne se contentera pas d'obéir aux

.mpulsions d'une générosité aveugle. Elle
fait de la raison la vassale et l'*auxiliaire de
l'amour*. Outre les trésors du cœur, elle prodigue les efforts de la pensée, dans l'accalmie
suprême des désirs égoïstes, dans l'amnésie
de toute récompense. François d'Assise lui-
même n'atteignit pas ce faîte sublime d'un
idéal moral ambitionnant, par surcroît, la
culture suprême de l'intelligence mise au
service de l'humanité. Les dons infinis de l'a-
mour solaire sont à cet idéal qu'ils nous ins
pirent, ce qu'est l'éclat du jour aux lueurs
incertaines de la nuit. Le soleil répand sur
notre terre les douces palpitations de la vie,
les allégresses de l'amour, les enthousiasmes
de la liberté et de l'égalité, les forces créatrices de la pensée et du progrès dont ces
pages le proclament auteur. Nous ignorons
ce qu'il est aux autres planètes, fidèles comme
la nôtre à son rythme, éclairées et caressées
de ses feux. Mais nous savons qu'il est l'é-

ternel bienfaiteur de la nôtre, l'ouvrier de
son passé grandiose, le garant de ses épa-
nouissements futurs, la source unique de
toute beauté terrestre, de toute grandeur
humaine. A ces bienfaits, qui construisent,
conservent et guident notre Univers, aucune
réciprocité ne fait écho. Les astres et les
hommes, la terre, sa flore et sa faune des
pôles à l'équateur, absorbent à l'envi la chaleur, la vie, les forces d'amour et les énergies organisatrices qui jaillissent du soleil;
ils ne lui donnent rien en retour. Et dans
cet ordre, l'équilibre de notre système ne
semble requérir nulle mutualité. La générosité spontanée, le don intelligent sont les
lois fondamentales des bénédictions solaires,
la source cosmique de l'amour, de l'al-
truisme humain. Le sol natal de la fraternité
humaine, c'est l'*intelligent sacrifice* solaire,
l'amour inépuisable aux dons magnanimes,
infinis, et qui n'espère rien en retour.

Ainsi notre esprit tout entier est une effusion de la Lumière du Monde, fécondation interne pareille à celle que le soleil réalise dans le monde extérieur. Notre génie national qui confie aux forces intellectuelles la réalisation de la fraternité humaine, atteste l'emprise sur nos âmes de l'âme solaire, où le *don de soi-même* et la *pensée constructrice* se confondent en un *amour organisateur*, distinct des formes *purement impulsives* de l'élan fraternel dans le passé. Liberté, Egalité, Fraternité sont des modes spirituels de l'Etre solaire. Pensée, progrès, amour organisateur sont la substance psychique des prébendes solaires. L'âme du soleil est la génératrice de notre idéal national. Ceux qui l'embrassent proclament l'héliocentrie humaine.

Mazdéisme, Sabéisme, Shintoïsme ? Nullement. Il ne s'agit pas ici d'un culte solaire, en dépit de rapprochements légitimes. L'effort qui approfondit notre devise aboutit à une version naturelle, extradogmatique du théisme, conception laïque et pourtant *religieuse* au sens le plus élevé et le plus complet du mot, puisqu'elle *relie* à l'Esprit du monde la conscience humaine, par le consentement lucide d'une pensée ralliée aux élans du cœur. Spiritualisme raisonné, établissant l'immatérialité concrète de l'esprit. Car le corps matériel du soleil n'est pas une personnification valable de ses principes spirituels. Au moment où notre esprit, par son origine et ses activités, s'affirme distinct de l'organisation physique qui lui sert d'instrument, l'identification de l'Esprit solaire avec l'astre lui-même est une impossible méprise. Souvenons-nous que nos fonctions héliocentriques, irréductibles aux forces géocentriques de notre globe, établissent l'action incessante d'énergies solaires inaccessibles à l'observation matérielle.

Ainsi l'analyse de notre idéal proclame l'existence de l'Esprit, absolu dans ses impulsions, dispensant, au baptistère solaire, par l'acte invisible de l'union mystique, l'amour organisateur, la soif du progrès, la pensée, aux êtres géocentriques que cette communion élève à la dignité humaine. Ce fait de physiologie spirituelle a marqué d'une empreinte organique l'intuition du peuple qui s'est voué à la Liberté, à l'Egalité, à la Fraternité. Pour la première fois, l'histoire du monde enregistre la gloire d'une révélation collective des vérités les plus hautes. C'est la première émersion des assises spirituelles de notre Univers dans la conscience humaine, Et c'est encore le premier appel du Divin à l'initiative individuelle, sous une forme affranchie des formalités d'un culte extérieur, immédiatement accessible au sentiment intime et à l'examen réfléchi.

C'est là le double caractère de la Révéla-

tion française. En elle s'enlacent la Pensée et
la Foi ; Science et Religion s'y donnent l'ac-
colade. Sans le savoir, la France moderne
était spiritualiste. Elle tenait tellement à la
chose, elle craignait si fort de confondre avec
la chose l'abus, qu'à force de tendre et de
peiner vers la réalisation de sa devise, elle
négligea de remonter à la source du torrent
qui emportait ses destinées, et se crut matérialiste. Mais cette guerre atroce l'a remuée
jusque dans ses tréfonds. Et les plus quali-
fiés parmi ses éducateurs laïques s'interro-
gent aujourd'hui en ces termes : « Quiconque fait le sacrifice de sa vie sensible,
écrivait au lendemain de la victoire de la
Marne un libre-penseur notoire, M. Gabriel
Séailles, l'éminent professeur à la Sorbonne,
*affirme par ce sacrifice même, qu'il le sache
ou qu'il l'ignore, la réalité d'une vie spirituelle
qui le dépasse infiniment.* » Reforgée sur
l'enclume des plus nobles souffrances, la

France, incorruptible champion de l'Esprit,
parfait aujourd'hui le noviciat qu'impliquait,
comme tous les sacerdoces, le sacrement
de la Révélation française. Probation péril-
leuse entre toutes. Par le libre suffrage des
âmes, par l'immanente vertu de l'Esprit, la
foi en le Credo d'une devise laïque devait
triompher des tragiques tentations de l'équi-
voque matérialiste.

L'épreuve fut longue, ardue, douloureuse :
125 années de luttes poignantes, de déchi-
rements intérieurs, d'obsessions de la tête
et du cœur. Que de mêlées sociales, de
conflits politiques, de collisions philosophi-
ques ! Serait-ce l'apostasie, serait-ce l'apos-
tolat ? La déchéance ou la résurrection ?
On sait quelle ardeur généreuse embrasa
soudain la nation tout entière, comment
l'héroïsme et l'esprit de sacrifice immorta-
lisèrent notre devise sur les champs de
bataille, dans l'effort civique et dans les

œuvres fraternelles. Après avoir ratifié l'existence positive de l'Esprit, M. Séailles ajoutait : « Notre Dieu ne nous demande pas de nous détacher de ce monde : par nous et avec nous il y travaille, il y lutte, il y souffre, nié, blasphémé, et nous savons que c'est à nous qu'il appartient, par notre intelligence et par notre énergie, de lui donner une réalité et de lui prouver qu'il existe. »

Ainsi l'adhésion à l'Esprit entraîne le confiteor de sa présence réelle dans l'homme et l'accueil chaleureux de ses injonctions. L'athéisme français découvre son Dieu en accomplissant les actes qui proclament son existence. Pascal se déjugerait en cette occasion : Les « raisons du cœur » ont ici convaincu la raison. L'athéisme apparent de la France s'affirme aujourd'hui comme le stage transitoire du théisme fiduciaire vers une foi nouvelle où la pensée, conquise à notre devise, embrasse le Divin. Si cette longue éclipse se termine en apothéose, c'est que les préventions loyales, mais mal fondées de la France matérialiste tamisaient, sans en abroger l'action, les splendeurs de l'Esprit dont elle restait la servante fidèle, retenue par l'emprise mystérieuse de son atavisme unique.

VII
LOI, FOI, LIBERTÉ

La France n'était-elle pas la fille aînée du Christ, pair et messager du Créateur ?

Les religions et les mystères de l'antiquité, le suprême point d'orgue de la Révélation chrétienne, précédèrent la parturition de l'Esprit dans notre conscience par la Révélation française. Avant l'éclosion de l'Esprit dans la crèche intime de nos émotions où l'adorent les trois mages Liberté, Egalité, Fraternité, les religions évoquaient et célébraient, par le culte du Père, la descente lointaine, la graduelle incarnation du principe divin dans l'homme. Longue période d'apprentissage, experte initiation aux mystères de l'Esprit solaire, propice à la macération des consciences géocentriques dans les saintes effluves des sphères invisibles. Il fallait établir, affermir dans l'homme les attributs héliocentriques avant d'en provoquer la fonction, d'en stimuler le rendement. Il fallait subordonner la liberté humaine au développement préalable des facultés morales.

Au temps de l'ancien Testament, *l'égalité* foncière — départ naturel d'un système d'éducation — fut enseignée aux hommes dans les récits bibliques de la Création, par la loi égalitaire du talion, par le déploiement de l'autocratie divine, uniformément sévère pour tous. Le Dieu d'Israël se proclame « un Dieu jaloux qui punit ». La mort venge l'inobservance du Sabbat. Le Christ propage *la fraternité* par son « commandement nouveau » (Jean XIII, 31) : « Aimez-

vous les uns les autres comme je vous ai
aimés ». Voici comment il aime : « Personne
ne peut avoir un plus grand amour que de
donner sa vie pour ses amis ». (Jean XV, 13.)
C'est l'évocation même du sacrifice solaire.
Au sectateur irrespectueux, le Père infli-
geait le châtiment suprême : le Christ donne
sa vie pour ses disciples. A la loi du talion il
substitue le pardon et la charité envers
l'offenseur.

Le règne des deux sœurs jumelles, pensée
et *liberté*, succéda aux étapes de l'*égalité* et
de la *fraternité* par l'avènement de la Révélation française, fécondée, au surplus, par
les bienfaits recueillis dans le double apprentissage qui l'avait précédé.

On conçoit qu'un greffage patient, judicieux, progressif s'imposait, sage prémédi-
tation des récoltes futures. Au stage initial
d'un peuple élu pour fonder une civilisation,
une inflexible discipline dégrossit l'homme

géocentrique, réprime son animalité encore mal dépouillée : « Quiconque couchera avec une bête, sera puni de mort. » (Exode, 22, 19.) Le peuple élevé à ce régime draconien fut prêt à recevoir une éducation moins farouche le jour où il produisit un homme, Jésus, dont l'âme put recevoir le message nouveau dispensé par le Père. Une loi plus clémente pénétra les cœurs de l'élite populaire qui comprit le Christ et lui donna ses apôtres. L'âpre autorité juive avait jugulé les impulsions humaines : elle fut *l'école de la volonté*, qu'elle ploya aux visées divines. Les doux préceptes du Christ s'emparèrent du *sentiment*, enseignèrent l'indulgence, le dévouement, la générosité. Ils furent l'efficace antécédent de la *pensée* libre qui pénètre la structure de l'Univers et proclame le règne de l'Esprit sous l'égide de la Révélation française. La loi juive est l'incubation hivernale, la foi chrétienne le réveil prin-

tanier qui préparèrent les moissons spirituelles à venir.

Durant ces périodes d'adaptation prépa-
toires, avant-courrières de l'éveil du divin
dans notre conscience, quel serait le mode
d'éducation opportun, fructueux ? L'intime
éclosion de l'Esprit, dans la Révélation française, fournirait un jour *l'appui intérieur*
indispensable à l'arc-boutement des efforts
héliocentriques. Préalablement, une seule
méthode apparaît pratiquable : l'injonction,
l'entraînement, *l'autorité extérieures*.

Le Décalogue est le modèle parfait de cette
tactique. Ses commandements sont rigou-
reux, absolus, et leur origine se décèle
aisément : le buisson d'Horeb, où Dieu
apparut à Moïse, était un taillis de flammes,
un hallier ardent, face constitutionnelle de
l'Esprit solaire. Quelle sagesse dans la dis-
simulation même de ce mystère, comme
dans l'interdiction de toute effigie du Divin.

Au lieu d'élever son âme vers l'Esprit imma-
tériel, vers ses impalpables vertus captées
par la conscience française dans sa noble
devise, l'homme primitif, aux instincts géocentriques et matériels, encore inapte à l'expérience transcendante de l'Esprit, irrémé-
diablement eût adoré le Soleil lui-même,
l'astre manifesté, qui est à l'Esprit divin ce
que notre corps matériel est à notre esprit
inaccessible à la cornue du chimiste, au
scalpel de l'anatomiste. La peau du nègre
oxydée par l'action du soleil, sa frisure cré-
pue et desséchée, le reploiement de ses
lèvres, pansues telles une corolle végétale,
son cerveau fruste que n'ont pas sillonné les
éclairs de l'Esprit, attestent les effets d'une
communion avec le corps matériel du soleil,
emprise physique visiblement funeste au
développement du lien *intérieur*.

Jusqu'au moment où l'Esprit s'éveille dans
la conscience humaine, une élévation docile

et confiante, dérivée d'un dogme révélé, apparaît comme la seule culture efficace, amendant, défrichant, sarclant les consciences géocentriques en vue de l'insertion profonde de l'Esprit. La bouture opérée, l'objectif de l'éducation se déplacera par une mutation insensible aboutissant, en dernier ressort, à l'interversion totale du siège de la puissance éducatrice *d'abord extérieur, entièrement intérieur* à l'apogée. Conversion lente et presque illimitée. A son terme, l'élévation spontanée du cœur, la lucide dévotion d'une pensée convaincue deviennent les instruments exclusifs de la croissance spirituelle. Les actes qu'elles inspirent demeurent alors l'arme unique contre la géocentricité rallumée sans trêve par les tentations matérielles.

En termes précis, le prophète Jérémie avait prédit ce tournant capital de l'évolution humaine, parlant au nom même du Dieu instaurateur de la loi extérieure.

« Il viendra un temps où je ferai une nouvelle alliance avec la maison d'Israël et la maison de Judas; alliance bien différente de celle que je fis avec leurs pères, lorsque *je les pris par la main* pour les faire sortir d'Egypte... Mais voici l'alliance que je ferai avec la maison d'Israël après que ce temps-là sera venu, dit le Seigneur : *je mettrai ma loi au-dedans d'eux, et je l'écrirai dans leur cœur;* et je serai leur Dieu, et ils seront mon peuple. Chacun d'eux *n'enseignera plus* son prochain, ni chacun son frère, en disant : *Connaissez l'Eternel! car ils me connaîtront tous,* depuis le plus petit d'entre eux jusqu'au plus grand, dit l'Eternel. » (Jérémie, XXX, 31.)

L'Evangile du Christ est la Charte définitive de cette transplantation de la loi extérieure au cœur de l'homme. Il marque l'âge nouveau annoncé par le prophète.

Le Christ, en effet, s'inspire du *Père* : « Les

paroles que je vous dis, je ne les dis pas de
moi-même, le Père qui est en moi est celui
qui fait les œuvres. » (Jean, 14, 10.) *Le
Christ ne promulgue ni loi, ni doctrine.* Il ne
rédige aucun écrit, et, de son vivant, ses disciples l'imitent. Les Evangiles, postérieurs
tous aux évènements de Palestine, ne sont pas
des recueils de science ou de lois religieuses.
Ce sont des biographies du Christ. Le *seul*
commandement qui s'y trouve c'est l'amour,
précepte de vie sentimentale rebelle aux
décrets extérieurs. Une seule prière figure
aux Evangiles, l'oraison dominicale : encore
Mathieu relate-t-il qu'elle fut *demandée* au
Christ. « Seigneur, enseigne-nous à prier
comme Jean l'a appris à ses disciples. »
(Luc, 11, 1.) Or le Christ entendait que cette
libre prière fût désormais une impulsion
« mise au dedans, écrite dans le cœur » :
... « Lorsque vous prierez, rentrez dans
votre chambre, et, la porte en étant fermée,

priez votre Père dans le secret... n'usez pas de vaines redites comme les païens, car ils croient qu'ils seront exaucés en parlant beaucoup... » (Mathieu, 6, 5.) Refoulée vers les profondeurs de l'âme, cette prière secrète et discrète atteindra les mondes intérieurs de l'Esprit. Entre Dieu et les hommes, le Christ veut un lien *suprêmement libre, entièrement intérieur*.

Son enseignement atteste le même souci. Tout en paraboles, il n'est accessible qu'au sentiment intime, à l'intérêt *spontané*. Le Christ n'enseigne plus en disant : « Connaissez l'Éternel », comme l'avait dit Moïse en descendant du Sinaï. Venu, « non pour détruire, mais pour accomplir la loi et les prophètes », ainsi qu'il le proclame (Mathieu, 5, 17), il « met la loi au-dedans de nous », selon les paroles de Jérémie.

Un rapprochement du Décalogue et de l'Oraison dominicale établit cette vérité de façon saisissante. En face des sévères préceptes de la loi extérieure se dresse l'autonomie de la prière chrétienne, facultative par l'histoire de son origine comme par la volonté de son auteur.

« Je suis l'Eternel, ton Dieu », dit le Décalogue. Tu n'auras *point d'autres Dieux* devant ma face... tu ne te feras point d'image taillée, ni *aucune ressemblance....* »

Quel sera l'accomplissement intérieur de ce commandement extérieur ? « *Notre Père* qui êtes aux *Cieux* », dira l'âme dévouée au Dieu *unique* qu'aucun effort terrestre ne saurait *figurer.* On le voit, le commandement s'est transformé en une impulsion intérieure qui le traduit fidèlement. La discipline judaïque a porté ses fruits.

« Tu ne prendras point *le nom* de l'Eternel ton Dieu *en vain* », poursuit le Décalogue. Dans l'oraison, l'écho intérieur répond : « Que votre *Nom* soit *sanctifié* ».

Le Décalogue ordonne ensuite de sancti-
fier le septième jour : c'était instituer sur
terre le règne de l'Eternel. La prière chrétienne réplique : « Que votre règne arrive ».
Point par point, l'oraison donne aux préceptes de la loi extérieure le répons de
l'âme.

Dans ce triple exorde, décalogue et prière
règlent l'attitude de l'homme envers Dieu.
Leurs desseins parallèles régleront maintenant les rapports des hommes entre eux,
sur la terre. Mais d'abord l'oraison formu-
lera, en manière de *transition*, un vœu sans
réplique dans le Décalogue : « Que votre
Volonté soit faite sur *la terre* comme *au ciel* ».
Cette addition s'explique. Aux temps bibliques où des lois sévères courbaient tous
sous l'autorité divine, les hommes ne pou-
vaient formuler cet hommage de libre sou-
mission. L'oraison chrétienne consacre ici
le fait nouveau, « l'inscription dans le

cœur » de l'obéissance librement consentie.

Voici le commandement suivant, le quatrième : « Honore ton père et ta mère afin
que tu vives longtemps sur la terre que te
donne l'Eternel ton Dieu. »

Avant l'intervention du Christ, les chefs
de tribu et les chefs de famille exerçaient
un ascendant naturel, des droits religieux et
sociaux dérivés de l'ancêtre commun, le
Père Abraham. Sur l'autorité de cette filiation extérieure, le Christ fait prévaloir la
volonté du Père céleste : « Et comme Jésus
parlait encore au peuple, sa mère et ses
frères, qui étaient dehors, demandèrent à
lui parler. Et quelqu'un lui dit : « Voilà, ta
mère et tes frères sont là dehors, qui de-
mandent à te parler ». Mais il répondit : Qui
est ma mère et qui sont mes frères ? Et éten-
dant sa main sur ses disciples, il dit : Voici
ma mère et mes frères. Car quiconque fera
la volonté de mon Père qui est aux cieux,

c'est celui-là qui est mon frère, et ma sœur, et ma mère ».

Ainsi le Père divin devient le Chef de la famille chrétienne. Sa volonté supplantera désormais l'intérêt familial, les préjugés de caste, les sympathies égoïstes. Le bien-être terrestre et la longévité que le 4e commandement avait subordonnés au respect des parents, relèvent maintenant du nouveau chef de famille, du Père. Aussi est-ce de lui que l'oraison implore la subsistance qui assurera la longévité humaine : « Donnez-nous aujourd'hui notre pain quotidien. »

Suivent ces quatre commandements : « Tu ne tueras point. Tu ne commettras point d'adultère. Tu ne voleras point. Tu ne diras point de faux témoignage contre ton prochain. »

Ces interdictions divines et les durs châtiments qui leur correspondaient dans la loi de Moïse ont inculqué l'iniquité des infractions visées à de nombreuses générations. A leurs descendants un sentiment spontané décèle maintenant l'indignité de ces offenses et l'indestructible faiblesse humaine, toujours prête à faillir. C'est cette impulsion intérieure née d'une longue expérience que traduit l'instance suivante de l'oraison : « Pardonnez-nous nos offenses comme nous pardonnons à ceux qui nous ont offensés. »

Après les quatre commandements qui visent *l'acte* illicite, le dixième et dernier réprimera le *désir* inique : « Tu ne convoiteras pas la maison de ton prochain ; tu ne convoiteras pas la femme de ton prochain, ni son serviteur, ni sa servante, ni son bœuf, ni son âne, ni aucune chose qui soit à ton prochain. »

Quelle est l'origine de toutes ces convoitises ? La tentation. Aspirant à obéir au commandement divin, l'âme suppliera : « Ne

nous abandonnez pas à la tentation, mais
délivrez-nous du Mal. »

Ainsi répond au dernier commandement
la dernière supplique de l'oraison. Le Mal,
n'est-ce pas la synthèse de tous les égare-
ments, de toutes les misères, de toutes les
imperfections que nous combattons sans
cesse? Dans la péroraison de la prière chrétienne, l'âme, en un effort central, prend
conscience d'elle-même et du problème de
son évolution; en s'intériorisant elle s'indi-
vidualise.

Le Décalogue, avec ses commentaires
divins transmis par Moïse, avait groupé contre le pécheur les forces divines et la vin-
dicte sociale : il liguait *tous* contre *chacun*,
toutes les forces *extérieures* contre chaque
faute *individuelle*. D'un bout à l'autre de
l'oraison dominicale, l'*individu* implore l'as-
sistance divine pour l'*humanité toute entière* :
chacun intercède pour *tous*, l'individu as-

pire au progrès moral et au bien-être universels.

Tel est «l'accomplissement» de la «Loi»
par le Christ : la *libre* prière évoque *l'égale*
condition humaine, embrasse tous les hommes en une *fraternelle* sollicitude. La volonté
intérieure de chacun exprime maintenant la
Volonté du Père de tous.

Entre la volonté du Père, source de l'autorité extérieure, et la Révélation française,
loi purement intérieure, le Christ tient la
place de la lentille entre la conjonction de
deux foyers. La lentille ramène à l'unité les
rayons émanés du foyer générateur. Elle les
réorganise, et les projette en un faisceau
coordonné dans l'âme humaine, organe ré-
cepteur. Mais en absorbant les rayons des
volontés paternelles promulguées par la loi
mosaïque, le Christ les adapte aux conditions de l'ère nouvelle, les refond et les ré-
génère tandis qu'il les commue en injonc-

tions intérieures : c'est là l'action essentielle du Christ. Les yeux fixés sur nos conclusions héliocentriques, nous parcourrons un jour son œuvre. Nous verrons le Christ, la « Lumière du Monde » (Jean, 8,12), le Christ solaire, héros de la transfiguration, en une brève vie franchir l'immense trajet de notre évolution héliocentrique et en fixer l'itinéraire. Il devient ainsi l'homme héliocentrique, le « *Fils de l'Homme* » géocentrique. Nous assisterons à la transformation de la loi extérieure en une foi élévatrice des âmes vers l'idéal nouveau, vers le Fils de l'Homme. Les actes, les paroles du Christ, sa vie et non pas sa loi, nous révèleront la liberté, l'égalité, la fraternité suprêmes.

VIII

FRANCE, ALLEMAGNE, HUMANITÉ

Coup d'œil sur le passé, qui enseigne la grandeur et l'unité morales, la croissance organique de la France éternelle. A travers la thèse héliocentrique, distinguons maintenant le présent, épions l'avenir.

Terrassant l'Allemagne après une longue incubation, un vertige géocentrique gagne les nations ou les individus — chefs d'Etat, ministres ou obscurs citoyens — dont le dénûment héliocentrique favorise l'intoxication. Pour ces victimes d'une commune disgrâce qui intervertit l'ordre des inspirations humaines, la force *extérieure* est la force suprême. Ils estiment que l'Allemagne la détient, ils la suivent. A cette mentalité, la *liberté* d'action d'un allié semble aussi abusive que la liberté d'opinion d'un neutre : l'attitude de l'Autriche, de la Turquie, de la Bulgarie, les procédés allemands à l'égard des neutres étayent cette conclusion. Subjuguées par l'œuvre matérielle, par les succès militaires et les ambitions grandioses de l'Allemagne, ses sectateurs se retranchent des expériences intérieures de la Révélation française. Marquons le caractère géocentrique de leur idéal.

Les instincts *déterministes* de l'Allemagne éclatent dans son excellence chimique et technique, dans son organisation, ajustage expert de causes et d'effets, dans ses révolvers diplomatiques braqués sans scrupules sur le *but* matériel.

Ses mœurs hiérarchiques, ses présomptions de race supérieure expriment ses convictions *évolutionnistes*. Ses théories de la force, arbitre du droit, ses procédés de guerre, ses desseins conquérants instituent *la lutte* en arbitre suprême.

Des deux étapes éducatrices devancières de la nôtre, l'Allemagne conserve le carcan d'une *discipline extérieure*, avilissante parce qu'elle dessert et trahit l'Esprit.

Elle pratique des procédés d'invasion, des méthodes de tuerie, un mépris du prochain souverainement antifraternels, effets terrifiants d'une longue éducation. « La plus importante et la suprême erreur de la morale chrétienne, enseigne Ernest Haeckel dans *les Enigmes de l'univers*, c'est l'exagération de l'amour du prochain aux dépens de l'amour de soi-même... Rien de grand, rien de sublime n'a jamais été accompli sans égoisme. »

Dans la préface des *Merveilles de la vie*, le célèbre apologiste du matérialisme nous apprend que les *Énigmes de l'univers*, dès la première année, remportèrent cent éditions. On sait combien leur succès grandit encore par la suite. Comment ne pas voir, entre les conceptions qui se répandaient en Allemagne depuis 50 ans et la mentalité révélée par la guerre, un rapport de cause à effet?

Dans les tranchées allemandes, rapporte le commandant *Landry*, on a trouvé un papier tiré par milliers d'exemplaires, adressé aux soldats allemands par un comité de femmes de *Barmen* (*Prusse*), qui disait ceci:

« J'ai vu sur sa croix Jésus-Christ. — Qui est le père de tout amour, — Et qui, sur la croix, — Offrait encore son amour à ses ennemis. — Son doux visage me disait: — Allons, chante l'amour, ne hais pas. — Mais je me suis détourné. — J'ai pris ma plume dans ma main, — et j'écris ceci: Je *hais*, Seigneur. — Du plus profond de mon cœur je *hais*, Seigneur. — Et te regardant en plein visage, je dis: — Ma haine ne cédera pas à ton amour.

— Je *hais* mes ennemis jusqu'à la mort. »

L'encouragement à la haine, on s'en souvient, était venu de haut, puisque Guillaume II avait décoré de l'Aigle rouge Lissauer, l'auteur du fameux « Chant de haine » répandu dans l'armée par les soins du prince héritier de Bavière.

L'ensemble de ces phénomènes antifraternels relève d'une cause centrale, historique. Aux pays saxons, le Christianisme, l'Évangile de l'amour, fut imposé par le glaive, au ix⁰ siècle, par Charlemagne, après trente-trois sanglantes campagnes. La Prusse, plus rebelle encore, ne put être convertie qu'au xiii⁰ siècle, « par une guerre d'extermination » disent les chroniques, après un demi-siècle d'efforts. Des pays de langue allemande, l'Autriche et l'Allemagne du Sud furent les premiers évangélisés, sans opposer de résistance. Si l'on y regarde de près, la durée relative de la maturation chrétienne de. ces diverses contrées correspond exactement aux degrés comparatifs d'amoralité et de brutalité qui les distinguent les unes des autres. Autriche et Allemagne du Sud — Saxe — Prusse représentent, en effet, trois échelons de culture dégressive en temps de paix, d'inhumanité croissante en temps de guerre. Le fait est remarquable et concluant.

En France, au contraire, au deuxième siècle de notre ère, le christianisme prenait racine et se propageait sans l'appui d'aucun attirail guerrier. Le troisième, le quatrième siècle virent la sainteté de Didier, la sagesse de Hilaire, l'inépuisable charité d'un saint Martin. L'amour fraternel avait trouvé dans l'âme française un sol propice à son épanouissement spontané. En 1789, les effets d'une initiation chrétienne multiséculaire éclataient chez ceux-là même qui rejetaient toute religion. Les révolutionnaires les plus farouches proclamèrent l'idéal évangélique : « Ça ira, ça ira, ceux qui s'élèvent on les abaissera, ceux qui s'abaissent on les élèvera. » Aujourd'hui même la France laïque et la France religieuse apparaissent également pénétrées de l'idée fraternelle qui est l'essence du Christianisme, pendant que les pasteurs d'outre-Rhin exaltent la valeur éducatrice de l'Ancien Testament comparé au nouveau. Dans un récent interview, le Kronprinz, en sa qualité de futur chef suprême de l'épiscopat allemand, se rangeait à cet avis. Quel abîme entre ceux qui désertent l'Evangile de l'amour pour les rudiments de la loi du talion, et ceux qui en abandonnent la lettre parce qu'ils en ont assimilé l'esprit.

L'autocratie caduque, soucieuse de son autorité chancelante, en appelle au « *vieux Dieu* », au maître absolu dont on ne discute pas les commandements. Elle se défie du Dieu démocratique qui lava les pieds de ses disciples, parce qu'il voulut que les premiers

fussent les derniers, afin que l'autorité *extérieure* du chef n'entravât point le libre développement de tous et l'éclosion future du
verbe *intérieur*.

La France, noyau d'un groupe homogène
d'alliés, s'affirme hélas, trop exclusivement
héliocentrique. Elle méconnaît l'importance
des nécessités géocentriques. Impatience
de nos libres élans à l'égard du déterminisme rigide des contingences matérielles;
languissante évolution de nos cadres admi-
nistratifs; inspirations fraternelles propices
à l'avant-guerre qu'on nous a faite et à l'im-
prévoyance militaire; funeste liberté individuelle des puissances de l'Entente pendant la
première période de la guerre, et qui dure
encore : toutes conséquences manifestes
d'une héliocentricité dédaigneuse du caractère géocentrique des réalités extérieures.

Cigale solaire, fourmi terrestre, l'homme
est les deux à la fois. Mais la terre est son

champ d'action exclusif. La cigale ne doit ni accaparer, ni déserter l'œuvre terrestre de la fourmi. Elle doit l'imprégner d'idéal sans en mépriser le programme, sans en restreindre l'étendue.

La vision *abstraite* de notre devise nous fait vivre dans les ténèbres d'une idéologie sans valeur concrète, sans fondement intellectuel. Alors l'âme désorientée, déspiritualisée, affronte la vie sans appui spirituel ; les forces géocentriques la subjuguent et restituent aux appâts matériels leur pouvoir absolu.

L'héliocentrie humaine, idéal *concret*, est un vortex dynamique. Il détermine l'afflux d'énergies *réelles*, courants spirituels qui façonnent le cerveau, le cœur, tout notre organisme. Car notre corps et notre esprit sont en un état incessant d'action réciproque, de progressive compénétration. Loin de nous détourner de l'intelligence des choses terrestres, du goût de l'effort matériel, comme le fait une conception abstraite de notre devise, la conscience activement intéressée à notre filiation spirituelle reçoit, outre l'aliment moral, des *forces* solaires d'initiative, d'ordre, d'organisation.

Le soleil édifie les règnes vivants. Il les multiplie, il les perfectionne à l'infini. Le développement du germe accuse les procédés de l'organisation solaire : une énergie interne, une intelligence centrale maîtrisent, combinent et transforment les molécules matérielles. L'organisation allemande, exclusivement préoccupée de concerter des éléments donnés, procède au rebours de l'organisation solaire. Elle atteste l'infiltration de l'*instinct* héliocentrique dans une intelligence incapable d'assimiler ses forces *inspiratrices* et *créatrices*. Le génie français est quelque peu rebelle à cette contrefaçon déterministe de l'organisation solaire, parce qu'il aspire à être mieux qu'un instrument

de coordination extérieure. Notre esprit
« débrouillard », impulsion de notre individualité héliocentrique, si familier à nos
soldats du front qu'ils l'ont baptisé « système D », est l'amorce d'une organisation
inspirée, harmonieuse et sûre comme celle
du soleil. Nos aspirations héliocentriques
développeront ce pouvoir puissamment et
subtilement organisateur, ardent à pénétrer,
à féconder les contingences et les possibilités
du monde matériel, comme le soleil inspire
et dispose les réactions chimiques en vue de
la vie organique. Notre nature artiste, nos
facultés créatrices, le talent de nos inventeurs décèlent le pouvoir organisateur du
tempérament français.

A notre devise cette guerre ajoute un nouvel intérêt solaire. Elle nous exhorte à con-
quérir la maîtrise des forces géocentriques,
à ne plus l'abandonner à ceux qui s'appuient
sur elle pour conduire l'humanité à des

destinées antispirituelles. A la civilisation
solaire une puissante armature géocentrique
est aussi indispensable qu'un corps sain à
une âme saine. Le fruit le plus abondamment
saturé de forces solaires est aussi le plus
géocentrisé : la datte, dont la pulpe est la
plus douce et la plus délicate, a le noyau le
plus dur, *le plus résistant à la destruction terrestre*. Une charpente matérielle issue d'une
héliocentricité empirique, indécise, incom-
prise comme celle de la France et de ses
alliés, est aussi nuisible au progrès héliocentrique qu'une infécondité héliocentrique
est utile, au contraire, à l'accroissement de
la puissance matérielle : c'est le cas de
l'Allemagne, affligée d'une asthénie héliocentrique, non d'une excessive géocentricité.

Dans toute l'étendue des virtualités humaines, nos facultés spirituelles et matérielles se complètent et sont indispensables
les unes aux autres. A ce titre leur impor-

tance s'équilibre. Mais leur intérêt relatif est très inégal. Il s'agit d'héliocentriser notre être géocentrique, de lui imprimer une orientation spirituelle ; non de géocentriser nos facultés spirituelles, ce qui équivaudrait à la suppression de tout idéal spirituel. Cependant l'esprit doit guider et dominer nos aspirations matérielles *sans les détourner des multiples intérêts de la vie matérielle.* Entre l'esprit et les nécessités du monde extérieur l'équilibre est indispensable. Sa rupture en faveur de l'héliocentricité entraîne un bouillonnement idéaliste de la vie intérieure, la faiblesse et la désorientation de l'effort géocentrique. L'équilibre rompu au profit de la géocentricité pervertit l'idéal, exalte et assure l'ambition et l'effort matériels.

Tous les jours s'offre à nous le spectacle de cette double anomalie. L'Allemagne a géocentrisé et dégrade ainsi ses facultés spirituelles, la France n'héliocentrise pas ses aptitudes géocentriques en une forme assez parfaite, en une mesure suffisante pour assurer la trajectoire idéale du progrès humain. Cependant l'enseignement qu'elle a reçu de son ennemie et les efforts qu'elle fait depuis trois ans développent chez elle le goût des qualités et des efforts qui la porteront au but. Quant à l'ennemie qui avait mal inventorié notre Individualité nationale en lui prêtant les germes de dégénérescence spirituelle qui la minent elle-même, elle recevra de la France une leçon d'une portée infiniment supérieure à celle que nous donnèrent un demi-siècle d'insolente suffisance et cette guerre criminelle, toutes deux encouragées par l'apathie géocentrique de notre idéalisme. Car l'Allemagne, spirituellement stérile, incapable de distinguer le progrès du recul, s'éloigne du but en raison même de l'orientation et de l'intensité

d'un effort invétéré, déjà cinquantenaire,
impitoyablement, exclusivement assujetti au
développement géocentrique. Elle ne pourra
rallier la voie ascendante qu'en s'inclinant
devant notre supériorité spirituelle et devant
l'inspiration individuelle, au lieu de s'abandonner aux tragiques visées d'une culture
matérielle irrespectueuse de l'individualité.
Si la pitoyable insuffisance d'une culture dé-
chue de ses fins spirituelles lui échappe, c'est
que l'individualisation insuffisante équivaut
précisément à une insuffisance d'inspiration
spirituelle, celle-ci étant fonction de l'être intérieur, de l'individualité, non d'une configu-
ration politique ou d'une internationalisation
des doctrines et des procédés anti-individua-
listes que l'Allemagne applique et préconise
à son profit.

Dans la conscience universelle, le rythme
géocentrique de l'Allemagne dénaturerait
l'effort humain. L'idéal héliocentrique, réa-

lité et force intérieures et spirituelles, suc-
comberait au prestige de la force et du progrès purement matériels. L'autorité extérieure, morale ou malfaisante, aveuglé-
ment subie, supplanterait l'obéissance convaincue et librement consentie. La compi-
lation et l'analyse remplaceraient l'inspiration et l'intuition, seules susceptibles de les
adapter à une fin supérieure. Ce serait l'é-
crasement de l'intériorité et de l'individualité humaines. Fût-il même inoffensif par
ses tendances — et il ne l'est pas — cet ac-
caparement *extérieur* demeurerait pernicieux. Il atténuerait jusqu'à la supprimer,
l'aimantation *intérieure* qui crée l'individualité humaine par le contact intime et vivant
de l'Esprit du Monde, non d'un esprit étroitement limité aux intérêts et aux préjugés
nationaux. Cette dernière caractéristique de
toutes les institutions humaines est tout par-
ticulièrement celle de la formation nationale

allemande, spécimen accompli de fécondité matérielle et de puissance collective réalisées au moyen de l'infécondité spirituelle et de l'effondrement des individualités.

La Révélation Française, par l'inspiration et la conduite de ses efforts, par l'assimilation progressive de ses énergies intérieures et le développement de sa force extérieure, devra maîtriser les instincts et les projets géocentriques de l'Allemagne avide d'indépendance à l'égard de l'esprit, hostile à la civilisation spirituelle dont la France est l'instrument. Investie la première de l'Individualité solaire, la France se doit d'assurer et de diriger l'effort héliocentrique de l'humanité, de l'exalter par le spectacle de sa grandeur morale et matérielle. Son intérêt propre est l'intérêt du genre humain.

Ses forces individuelles et collectives d'inspiration héliocentrique et d'expansion géocentrique sont les ressorts de sa vitalité intérieure et de son influence extérieure, les gages décisifs d'un avenir digne de sa haute mission. Plus que jamais le prestige et la suprématie terrestres régiront désormais les fluctuations de l'idéal, car la *liberté* humaine, qui implique la prépondérance du plus fort dans tous les domaines, tend à remplacer la *conduite* divine depuis que la Révélation Française a fait les hommes citoyens spirituels des mondes intérieurs. Mais cette liberté n'est pas un abandon. Notre devise est une *prise de courant réelle sur l'Esprit du Monde*, la Révélation Française est une impulsion positive jaillie du tréfonds divin où sont enracinées nos âmes. De cette glèbe invisible monte sans cesse une sève impétueuse. Elle généra l'union sacrée. Elle soutient l'effort de ce noble pays. Elle en fera l'artisan de son œuvre invincible.

FIN

TABLE DES MATIÈRES

POITIERS

IMPRIMERIE G. ROY

7, rue Victor-Hugo, 7.

DHÉMAR (Comtesse d'). — Aux Veuves de la Guerre. Les premières heures, 2e édition. 1 vol. in-16. 1 50

LIX (Andrée d'). — La Croix-Rouge française. Le rôle patriotique des femmes. Préface de Georges Goyau. — *Couronné par l'Académie Française.* 1 vol. in-16.............. 3 50

NTONA (Pierre). — L'Heure du Consolateur. Essai de mystique pour le temps présent. 1 vol in-16... 3 50

ROYL (François d'). — Marie Champfoin. Récits de la vie contemporaine. 1 vol. in-16............ 3 50

AREILLES (Bertrand). — Les Turcs. Ce que fut leur empire. — Leurs comédies politiques. — Préface de J. de Morgan. 1 vol. in-16. 3 50

AUMANN (Émile). — L'Abbé Chevolleau, Caporal au 90e d'infanterie, 2e édition. 1 vol. in-16....... 2 »

— La Paix du Septième jour. 1 vol. in-16.............. 3 50

AULU (Marguerite). — La Bataille de l'Yser, précédée de la Retraite d'Anvers. 1 vol. in-16 avec cartes. 3 50

OISNARD (Magali). — Le Chant des femmes. Poèmes de guerre et d'amour. — *Couronné par l'Académie Française.* 1 vol. in-16.......... 3 50

OUCHERON (Sous-lieut. Georges). — L'Assaut. L'Argonne et Vauquois avec la 10e Division. Préface d'Henri Robert, bâtonnier de l'Ordre des Avocats près la Cour d'Appel de Paris. 1 vol. in-16........ 3 50

OURCERET (J.-M.). — Sur les Routes du front de Meuse. Souvenirs d'un infirmier-major. in-16 3 50

ARRÈRE (Jean). — Pages d'avant-guerre. L'Impérialisme britannique et le rapprochement franco-anglais 1900-1903. Préface de J. Jacquin. 1 vol. in-16... 3 50

HEVALET (Léon). — Lettres de guerre (1914-1915). Elle et Lui. Poème. Préface de Miguel Zamacoïs. 1 vol. in-16.......... 3 50

— Amour... Amour... Amour... Marraines et filleul. Roman, 2e édition. 1 vol. in-16............ 3 50

OUTRAS (Pierre). — Propriétaire pendant la guerre. 1 vol. in-16. 3 50

ARDF (F.) lieut de vaisseau. — Vingt mois de guerre à bord du croiseur « Jeanne d'Arc ». 1 vol. in-16. 3 50

AYE (Pierre). — Avec les vainqueurs de Tabora. Souvenirs d'une conquête belge en Afrique orientale allemande. 1 vol. in-16... 3 50

ELORME (J.)-JULES SIMON. — Ames de guerre, Ames d'amour (1914-15), roman. 4e éd. *Ouvrage couronné par l'Académie Française.* In-16. 3 50

DUBOSCQ (André). — L'Orient Méditerranéen. Impressions et essais sur quelques éléments du problème actuel. 1 vol. in-16... 3 50

DUCRAINE (Halka). — La Femme polonaise. Esquisse historique. Préface de Henry Bidou. 1 vol. in-16. 3 50

DUGARD (Henry). — La Conquête du Maroc. La Colonne du Sous (janvier-juin 1917). 1 vol. in-16. 3 50

EYMIEU (Antonin). — La Providence et la guerre, 4e édition. 1 volume in-16.............. 3 50

FABRI (Georges). L'Art et la manière d'accommoder et de raccommoder Civ'lots et Poilus. Préface de Léon Frapié. Dessin d'Adolphe Willette. 1 vol. in-16. 3 50

FAGE (André). — Lille sous la griffe allemande. Tous les arrêtés municipaux, toutes les proclamations et affiches de l'autorité allemande du 24 août 1914 au 1er décembre 1915. 1 vol. in-16 orné de 8 gravures. 3 50

FÉRAUD (Marguerite-Augustin). — Un problème féminin. Apprendre à vouloir, 2e édition. 1 vol. in-16. 3 50

FERRI-PISANI (Correspondant de guerre). — L'Intérêt et l'Idéal des États Unis dans la guerre mondiale. 1 vol. in-16... 3 50

GOYAU (Georges). — Le Cardinal Mercier. Ouvrage orné de deux portraits. 1 vol. in-16... 2 »

GUILLENBUC (Olivier). — La Bataille navale du Jutland, 31 mai 1916, 2e édition. 1 vol. in-16. 3 50

HAVARD DE LA MONTAGNE (Madeleine). — La Vie agonisante des pays occupés. Lille et la Belgique. Les d'un témoin (octobre 1914-juillet 1916). Préface de Maurice Barrès de l'Académie française. 1 volume in-16. 3 50

HELYS (Marc). — Cantinière de la Croix-Rouge, 3e édition. 1 volume in-16. 3 50

IMBART DE LA TOUR. — Le Pangermanisme et la philosophie de l'Histoire. Une brochure in-18... 75

JOUBAIRE (Alfred), mort au champ d'honneur. — Pour la France. Carnet de route d'un fantassin. Préface de Fortunat Strowski, professeur à la Sorbonne. Notice de R. Sineir. 1 vol. in-16 orné d'un portrait. 1 vol. in-16. 3 50

JULIA (Émile-François). — La Fatalité de la Guerre. Scènes et propos du front. 1 vol. in-16......... 3 50

LADOUR (Pierre), sergent au ... d'infanterie. — Ceux de « La Haut ». Hier et aujourd'hui. Demain. Récit et impressions d'un combattant. 2e édition. 1 vol. in-16............ 3 50

Paris. — Imp. E. Capiomont et Cie, rue de Seine, 6.